李健熙与三星帝国

金文 ◎ 编著

人民日报出版社

图书在版编目（CIP）数据

李健熙与三星帝国 / 金文编著. — 北京：人民日报出版社，2015.1
ISBN 978-7-5115-2943-5

Ⅰ. ①李… Ⅱ. ①金… Ⅲ. ①李健熙－生平事迹②电子工业－工业企业管理－经验－韩国 Ⅳ. ①K833.126.538②F431.266.6

中国版本图书馆CIP数据核字（2014）第301016号

书　　名：	李健熙与三星帝国
作　　者：	金　文
出 版 人：	董　伟
责任编辑：	周海燕
封面设计：	丁　岩
出版发行：	人民日报出版社
社　　址：	北京金台西路2号
邮政编码：	100733
发行热线：	（010）65369527 65369512 65369509 65369510
邮购热线：	（010）65369530
编辑热线：	（010）65369518
网　　址：	www.peopledailypress.com
经　　销：	新华书店
印　　刷：	北京鑫瑞兴印刷有限公司
开　　本：	710mm×1000mm 1/16
字　　数：	220千字
印　　张：	16
印　　次：	2015年4月第1版　2015年4月第1次印刷
书　　号：	ISBN 978-7-5115-2943-5
定　　价：	36.00元

前　言

从一份不光彩的财报说起

2014年10月,三星电子第三季度的初步财报发布。而手握这份财报的三星总裁李健熙,显得有些忧心。虽然他刚从一场大病中康复,但这份财报给他的打击,不亚于之前的那场大病。

因受移动业务疲软的影响,三星电子第三季度运营利润预计同比下滑59.7%,降至4.1万亿韩元(约合38亿美元)。这是三星电子运营利润连续第三个季度出现下滑,而下滑很可能会继续延续下去。

另据最新公布的"全球200大亿万富豪榜"显示,三星电子总裁李健熙以104亿美元的资产,名列全球富豪榜第110位。这是李健熙近三年来首次跌出100名之外。致使其排名大幅下滑的根本原因,就在于三星电子业绩恶化,导致三星电子的股价暴跌。

当昔日称雄电子市场的三星增长呈疲态之时,美国的苹果推出了5.5英寸的iPhone 6 Plus,正式向三星多年来引以为傲的大屏市场发出了挑战。除苹果之外,小米、华为、锤子、100+手机等中国本土新兴阵营也正在崛起。华为通过走"高性价比"的道路,迅速将采购量提升到了百万级以上,既赶超了三星，还将其他对手狠狠甩在了后面。此外，诸如锤子、100+手机等，也都在通过各式各样的方式向三星进行狂野的进攻。而"硬件零利润"就是100+手机最具代表性的策略之一。

从中长期看，让三星这种以硬件为主的公司，持续生产最先进的产品，似乎是一个难以逾越的商业难题。柯达、索尼、诺基亚等一系列巨头的没落，也证明了这个世界上并不存在"日不落帝国"。分析师和投资者均认为，过去，三星几乎霸占了安卓系统的全部利润，因为竞争对手的表现太糟糕。但如今，三星与其安卓竞争对手之间的差距已经很小了。因为苹果公司攫取了大部分高端市场利润，而联想和小米等中国智能手机制造商又侵占了低端市场利润。

令人堪忧的还不止上述所及。三星目前还持续面临苹果的专利诉讼，而支持三星雄霸智能手机市场的安卓操作系统，也一直都没有摆脱谷歌的束缚……这些都很可能使得三星未来的发展受到极大制约。

"三星还是不是一家世界级的企业？""三星为什么会有如此糟糕的业绩？"，"三星能否迅速纠正自己的错误？"，"三星还能打出什么王牌，才能渡过难关？"……这是外界普遍提出的疑问。而这些疑问最终都指向了一个人，他就是三星电子的总舵主——李健熙。

今年业已72岁的李健熙，被誉为韩国的"经济总统"，甚至被美国《新闻周刊》认为是韩国的"幕后帝王"。法国路透社记者曾这样形容他："李健熙说话轻声细语，公众场合更少见他的身影，但只要他咳嗽，韩国就会感冒。"

这些美誉，对于李健熙来说并不夸张。

要知道，在目前世界最大500家跨国企业中，三星集团排名第14位，是韩国最大也是最成功的顶级跨国企业。它拥有超过42万名员工，涉足电子、机械、化工、金融、建筑、纺织、医疗、游乐园、广告等各个领域。

2013年三星集团的营业收入总额高达约3000亿美元，为韩国创造了约1/4的GDP产值。

自从27年前接手掌管三星集团，李健熙将原本名不见经传的家族企业发展成为亚洲最大的跨国企业之一，他的个人命运已经和三星的发展轨迹紧密相连。而身为对韩国经济、社会影响巨大的三星集团精神领袖的李健熙，其重要程度甚至高过三星之于韩国。

然而，位于首尔市中心的李健熙宅邸高墙环绕，李健熙很少离开寓所前往集团总部，更极少在公众场合露面。这个庞大帝国的掌控者，行事竟然异常的低调、隐秘，这不得不更引发了大家的好奇。

这个缔造出如此"三星神话"的李健熙，究竟是怎样的一个人呢？

三星集团是个大公司，几乎涉及所有市场经济领域，当然最初和现在起支柱作用的还是三星电子。

作为集团的支柱产业，三星电子拥有无数技术出色的能人和专家，但是能否让这些专家有用武之地，就得看李健熙所选择的发展方向了。

众所周知，当一个集团领导人在对某一项事物做决定的时候，他势必得对这个领域有深入的洞悉，推出市场变化趋势。只有足够的了解，才不会狼狈地铩羽而归。仅具有了解市场的洞察力还远远不够，要想在市场上独树一帜，还必须有常人所不具备的超前战略眼光。

值得庆幸的是，李健熙拥有这样的超前战略眼光，所以他的企业才能够在竞争这么激烈的环境下生存。在过去的26年间，李健熙借鉴西方现代企业的管理经验，不断完善三星的机制，并大胆创新，带领三星成长为全球最大也是最具实力的消费电子企业。甚至在数年之前李健熙就曾预言，目前三星赖以生存的大部分产品在未来10年内都将陆续消失，未来的三星如果想继续生存，就必须找到与三星息息相关的新业务。

身体力行也是李健熙的鲜明个性之一，不管是半导体，或者车，或者其他电子产品，他都会去亲自去解剖。虽然李健熙专攻的是经济领域，但是对事物本质的好奇心导致他只要从事哪个领域，或者某些方面，都会比那个领域的专家还要专业。

李健熙不是一个刻板守成的领袖，他时刻追求着创新。他会不断变化自己的长久以来的生活习惯，并坚持要求自己变化，不管是思想，还是行为，或者习惯。

人的习惯是最难改的，因为人都有一种惰性。而且，随着年龄的增长，听的看的多了，有了自己的价值观、人生观，就会很难接受别人的建议。可"倾听"恰恰是最重要的。尤其是作为一个领导者，要倾听下属的心声，明白他们想说的中心内容是什么，困扰是什么，什么导致了这种困扰，然后想出对策，来解决这些问题。

李健熙领导三星的数十年人生经历，记录下了韩国企业成功走向世界的辉煌，也见证了这些企业跨入新世纪后不得不转型阵痛的全过程。

尽管在人生奋进的过程中曾遭遇过风风雨雨，但毫无疑问，他是一个高举"新经营"企业理念大旗，开启了真正属于自己时代的人。

2014年5月，李健熙因突发心肌梗塞而入院治疗的消息，震动了整个韩国，也震动了世界。外界纷纷猜测李健熙病危，甚至有媒体报道他已死亡，但三星首尔医院和三星集团否定了外界有关李健熙病危的传言。可即便是这样，关于李健熙的健康情况，以及三星的未来的纷争，依旧甚嚣尘上……

时间是残酷的，它并没有因为这些纷争而暂停过一秒，但时间也是最现实的，无论是怎样的纷争，时间都会给出答案。

令人欣慰的是，经过一系列的治疗，李健熙的病情在一点点好转。如今，李健熙的全部检查结果都良好。而那些有关李健熙病情的不实传闻，三星集团正考虑采取法律手段应对，并要求报道李健熙已死亡的媒体纠正报道内容。而三星电子之所以连续三个季度出现下滑,和李健熙的病情也不无关系。

好在李健熙的病情现已基本痊愈,接下来,这位被称为"韩国经济总统"的李健熙会任由三星的业绩持续下滑下去吗?他会打出什么王牌来力挽狂澜?而李健熙之后,谁来接三星的班?这些围绕李健熙以及三星的讨论,现如今仍旧在继续着。但无论怎样,时间都会告诉我们最终的答案。

samsung 李健熙与三星帝国

◆ 李健熙

李健熙小档案

现　职：三星集团董事长

曾　任：韩国《中央日报》理事、三星集团副董事长

学　历：汉城大学荣誉经济博士、美国乔治华盛顿大学 MBA（辅修大众传播）、日本早稻田大学商学部经济学士

出生时间：1942 年 1 月 9 日

出生地：韩国大邱

星　座：摩羯座

血　型：AB 型

身　高：170 公分

座右铭：事必归正、倾听

名　言："一个天才可养活数十万人。" "除了妻子和孩子，一切都要改变。" "舞弊不但是癌症，还是传染病。"……

公　评：韩国"最受尊敬的企业家"、"最想仿效的对象"，2002 年《财星》杂志第 157 大富豪，2003 年初英国《金融时报》"全球最受尊敬企业人士"第 32 名

兴　趣：马术、高尔夫球、桌球、滑雪、养狗、古典音乐、电影欣赏

著　作：《用你的想法阅读这世界》（Read the world, with your own thinking）

目 录

前言 从一份不光彩的财报说起 / 001
李健熙小档案 / 007

第一章 孤独的孩子 / 001
1 父与子 / 002
2 从幼儿园开始就是独自一人 / 004
3 留学在异国他乡 / 006
4 他曾经梦想当导演 / 008
5 走入一个人的洞穴 / 010
6 与机械间的爱情 / 013
7 快乐的熊孩子生涯 / 016
8 共度一生的女人——洪罗喜 / 020

第二章 三星之父李秉喆 / 025
1 我们为什么关注三星？/ 026
2 李秉喆的苦难奋斗史 / 029
3 命运，掌握在自己手中 / 032
4 宿命的韩国肥料事件 / 033
5 接班人问题永远是最大的问题 / 037
6 进军制造业 / 040

第三章 初生牛犊 / 043

1 被废黜的"皇太子"——李孟熙 / 044
2 李健熙的第一项事业 / 047
3 重新确立继承人 / 049
4 第一次失败 / 053
5 人生如同负重远行 / 056
6 谦卑与倾听 / 060
7 李健熙与全斗焕 / 062
8 父亲的背影 / 065

第四章 做一个好企业家没那么容易 / 069

1 压力山大的新任会长 / 070
2 洞穴中的猛虎 / 073
3 动荡的政治局势 / 076
4 改组秘书室 / 078
5 李氏父子的"木鸡哲学" / 082
6 《湖岩自传》/ 084
7 遗产战争引发的思考 / 086

第五章 新时代的大幕拉开了 / 091

1 真相总是血淋淋的 / 092
2 "除了老婆孩子,其他都要改变" / 095
3 变革的第一步 / 098
4 "法兰克福宣言" / 100
5 "新经营理念" / 103
6 轻装上阵的骑士 / 105
7 打造自己的王朝 / 107
8 15万部手机的焚毁仪式 / 110
9 向新的领域进军 / 112
10 风暴来袭 / 117

第六章 李健熙的经营管理之道 / 121

1 根植技术经营 / 122
2 铁三角框架 / 124
3 "东方式管控 + 西方式变革" / 126
4 "信息化掌控 + 前瞻性研发" / 129
5 "生鱼片理论" / 130
6 优秀的理念与隐忧 / 132

第七章 人才第一主义 / 135

1 人才即未来 / 136
2 "人才才是资本,钱只是资金" / 138
3 打造重视人才的雇主品牌 / 140
4 "只要是人才,三星绝不放过" / 142
5 三星的人才观 / 144
6 三星的"士官学校" / 146
7 激励与使用人才 / 148
8 "地区专家制度" + "未来策略小组" / 151

第八章 独特的三星文化 / 155

1 领导风格造就企业文化 / 156
2 "三星标签" / 158
3 "三星蓝皮书" / 159
4 "第一主义"原则 / 161
5 "执行是成功的保障" / 164
6 "新经营理念"十周年 / 166

第九章 三星帝国的崛起 / 171
1 三星的专注和创新 / 172
2 超越索尼，青出于蓝而胜于蓝 / 173
3 对日本的冲击 / 175
4 对中国的影响 / 177
5 三星在中国 / 181

第十章 豪赌未来 / 185
1 三星手机的分水岭 / 186
2 制定蓝图 / 188
3 设计明天 / 190
4 后来居上的三星智能手机 / 193
5 三星与苹果的战争 / 195
6 "危机经营"背后的危机 / 199
7 再次变革的呼唤 / 202

第十一章 三星的成功秘诀 / 205
1 李健熙的城，李健熙的帝国 / 206
2 高端品牌路线 / 207
3 李健熙的战略抉择 / 210
4 时刻都在学习 / 212
5 "风越是强劲，风筝才能飞得越高" / 214

第十二章 "三星神话"还在延续 / 219

1 企业权力移交给谁 / 220
2 薪火相传 / 224
3 李在镕的接班难题 / 226
4 更加重视中国 / 229
5 神话仍在继续 / 232
6 即将来临的后李健熙时代 / 234

第一章
孤独的孩子

1 父与子

这是一张似乎是从全家福上剪下来的老照片。在这张 60 多年前的黑白老照片中,少年李健熙与父亲李秉喆坐在一起,坐得稍微靠前一些。他穿着黑色西服,露出宽大的白衣领,脸颊圆嘟嘟的,看上去很健康。虽然也和父亲一样梳着整齐的分头,但有一小撮头发顽皮地冒了出来。

在拍照片之前,母亲和姐姐们用蘸上水的梳子为李健熙梳过头,可那一小撮头发不听话地翘了起来。也许这不是这个稚嫩少年的本意,可它却恰到好处地诠释了少年在这个显赫家族中有些小小叛逆的人生形象。

◆父与子

照片中的另一位主角,那位把分头梳得整整齐齐的中年父亲,戴着金属边框的眼镜,眼睛平静地看着照相机镜头,眼里充满了社会精英人士的那种自信。在他轻轻翘起的右嘴角边,洋溢出一丝从容的微笑。无论是坚挺的白色衬衫,还是端庄的格纹领带、得体的宽领西装,任何人在这样一位父亲面前,都会被他的风采所折服。

面对如此完美的父亲,照片中的李健熙却咬着嘴唇,噘着嘴,仿佛有什么不满似的,并且极力压抑着这种不满情绪。也许,这是他对正式拍照这件事的反感,也许,这是对自己过早失去父爱和母爱而产生的不满。

李健熙断奶之后就离开了自己的母亲，被送到他的姥姥家里，从此在姥姥的怀抱中度过了近三个年头。直到他4岁，才被父亲李秉喆接回自己已经生疏了的家人身边团聚和生活。

所以，在这唯一的一张幼年李健熙父子合影中，李健熙的脸上没有丝毫其他同样家庭条件优越并受到宠爱的孩子们脸上常有的天真、好奇、淘气、骄纵的神情。相反，在无时无刻不散发出自豪与自满气息的父亲面前，李健熙表情僵硬的背后，似乎隐藏着一丝不安。

也许，在60年多前拍下这张照片的那一刻，已经开始预示着很多年后将在李健熙身上发生的所有事情了。

◆父与子

"我连百分之一的家庭教育也没有接受过。"提到自己的幼年时光，李健熙总是这么说，好像他和家人们一起度过的美好时光从来没存在过似的。李健熙这种说法当然是一种夸张，同时也是他对自己童年生活的一种总结。或许在他心里，真的就是这么认为的。

1942年1月9日，李健熙出生在大邱。他上有两个哥哥、四个姐姐，下面有一个妹妹。而父亲李秉喆当时在大邱西门市场经营着三星商社，正忙着向中国东北等地销售干鲜果品和干鱼产品。因此，李健熙的父母非常忙碌。母亲朴杜乙在李健熙断奶之后，就把他送到了在宜宁的娘家，由李健熙的姥姥抚养了他三年。一直到日本战败投降，韩国解放，李健熙才回到家里，和自己的父母兄弟重新住到了一起。对于一个4岁的孩子来说，这个家已经有点生疏了。

很多年后，李健熙会长是这样回忆那段日子的：

——那时我一直以为姥姥就是妈妈。1945年解放之后，我才回到大邱，跟生母和哥哥、姐姐们见了面。可是，我不知道哪个是妈妈，就问他们。二姐问我："你妈妈是谁？"我就说："我妈妈在宜宁。"然后我又问姐姐："你妈妈是谁？"

在那个纯真的岁月里，妈妈是谁的困惑一直困扰了李健熙数年之久，直到他懂得区分姥姥、妈妈这两个代表不同亲人的词汇。

2 从幼儿园开始就是独自一人

1947年，李秉喆为了扩展事业，举家搬迁到了首尔。两年后，李健熙进入惠花初等学校学习。这本来是一个孩子和其他同龄孩子快乐玩耍的宝贵时光，可朝鲜战争的爆发，残忍地剥夺了这个孩子的童年，在这种充满恐惧不安的岁月里，李健熙被贴上了"反动资本家儿子"的标签。这让李健熙的童年非常孤独，甚至给他带来了憎恨。

后来李秉喆一家搬到了马山，接着是大邱，最后是釜山。这样算起来，李健熙的小学生涯总共转学五次。这种不稳定对于一个小学生来说，几乎是一种灾难。因为这意味着李健熙没有多少时间去构筑一段和任何同龄朋友的稳定友谊。

与当时把吃到白糖当作是一种幸福的大部分孩子不同，作为第一制糖

（1953年成立）社长的小儿子的李健熙，也许正是因为家庭物质条件太好了，本人又是一个沉默寡言的转学生，所以他遭到了其他孩子有意无意的排斥与孤立。与李健熙一起玩过的小学同学简直是屈指可数。

与李健熙一起上过四年级和五年级的韩国民族报社的前社长权根述回忆说：

我只记得李健熙带着挂在天花板上会转动的飞机，还有在小铁轨上面奔跑的火车模型等玩具和我们一起玩过。那些玩具在当时来说是很稀罕很难见到的，所以我印象比较深刻。但李健熙一直是一个不爱讲话、不爱玩耍的孩子，所以在我的印象中，反倒对他本人没有多少记忆。

虽然权根述用了"一起玩"这样的描述，但从李健熙的性格和当时的情形来讲，李健熙应该没有和其他孩子真正一起玩过。他只是把稀罕的、昂贵的玩具带到学校来吸引同学们的注意而已。这是因为李健熙想和他们交朋友，才带来昂贵的玩具与他们分享。

从幼儿时期开始，李健熙就没有在家庭和学校中得到足够的社会性教育。对于沉默寡言的小健熙来说，他所能做到的，也就是这个样子了。说不定，他连"你们想跟我一起玩吗"这样的话也没有说出口。

就像权根述所回忆的那样，小学时代的李健熙，始终是模糊的、陌生的，排除在大多数孩子们的记忆之外。说得直接一些，就是大多数孩子对这个寡言少语的小男孩没有太注意。出生后没有得到父母的爱，接着在整个小学时代没有得到班级中同龄孩子的友谊。这种经历无疑在一颗幼小的心灵上留下了永远的小伤痕。

不过，这仅仅只是一个开始，更大的难关很快就要来临。

1953年，正在釜山师范附属小学上五年级的李健熙，突然被父亲李秉喆叫到了书房。李秉喆表情平淡，语气平淡，似乎在说一件最微不足道的小事情："你到发达国家去见识见识吧！"

就这么一句如同问候别人吃饭了没有的平常话，让这位狠心的父亲，毅然把一个年仅 11 岁的孩子送到东京。本来就非常缺乏家庭和朋友之爱的李健熙从家里被赶到了异国他乡的日本东京，想必在那个时刻，他是非常怨恨父亲的吧！

留学在异国他乡

李健熙的小留学生生涯是非常孤独寂寞的。

当时，李健熙的大哥李孟熙已在东京大学就读农学院，二哥李昌熙在 1952 年以第一届日本留学生的身份就读于当地贵族学校，后来进入早稻田大学就读。

李孟熙就读的学校比较远，所以在学校附近寄宿。李健熙则和二哥李昌熙同住，在一位日本保姆的照顾下一起生活。但李昌熙比李健熙大 9 岁，这样的年龄差距决定了两兄弟不可能经常在一起玩耍。所以，大部分时间还是李健熙一个人度过的。

父亲李秉喆将三个小孩送到日本留学的原因是：战后的韩国百废待举，教育制度也非常混乱，如果将小孩送到较为稳定的日本，可以学习到更多东西。

初到日本，语言是最大的一项难关，李健熙为了学习日语吃了不少苦。由于在国内多次转学，基础知识没有学好，课程根基没有打牢。所以，他不仅要从零开始学习一门新的语言——日语，还得加紧基础课程的学习。

作为十一二岁的少年，在异乡，李健熙承受着同龄孩子想象不到的一切。不会说日语是李健熙无法交到同龄日本朋友的原因之一，但语言障碍从来不是交朋友的决定性因素。战后的韩国经济贫困,在日本人看来,韩国就是个落后国家,当时的日本对韩国人有明显的民族歧视倾向。在李健熙上的日本小学里,同样也存在着这种情况。李健熙被日本同学们称为"朝鲜人",并被取笑为没有勇气、再欺负也不会反抗的傻瓜。

◆ 少年李健熙

由于不会日语,李健熙只能忍气吞声。这样一来,李健熙更遭到了日本孩子变本加厉的奚落和欺负。在这里,孤独开始追随他,小小的李健熙不得不背负异国同龄人别样的眼光。

在心理最脆弱、最敏感的年纪,李健熙默默忍受着这一切。他想念远在故国的小伙伴,思念双亲。对于无缘无故的歧视和嘲笑,他感到无比屈辱和愤怒。小小年纪的李健熙开始思考这一切,他变得内向而早熟。

日后,李健熙回忆道:"从一出生,我就跟家人分开居住,性格变得十分内向,也没有什么特别的朋友,因此总是独自一人思考问题……而且在最敏感的年纪,就已经对民族差异、愤怒、孤单以及对父母的思念等等情感有着深刻体认了……"

虽然李健熙多次向父亲提出来想回到韩国,可李秉喆却表现出无动于衷的样子。作为父亲,李秉喆不可能不知道儿子在异国他乡所经历的艰辛,但他仍然希望儿子能在一个发达国家度过他的少年时光,从此能够用发达国家的眼光来看待这个世界,同时在艰辛困窘的环境中磨炼心志。

尽管李健熙的归心很迫切,可父亲依旧坚持拒绝,他脸上挂着成功企业家那种从容的微笑,像是在说:"这种经历是对你一生都有益的经验,所以即使很辛苦,也要坚持下去。"

大约是在1955年的冬天，父亲对儿子说道："你要成为像湖水、岩石那样坚定不移的人。"

湖水和岩石——湖岩。

父亲告诉儿子，自己的号为湖岩。从1955年11月以后，李秉喆听取时任工商会议所会长全用淳先生的建议，使用了湖岩这个号。

李健熙当然希望自己能够成为像湖水、岩石那样坚毅而有内涵的人。可是，他是如此的孤独，以至于他时时刻刻都有那种向湖水里扔石头、把岩石炸碎的冲动。

 他曾经梦想当导演

处处受日本人歧视的小留学生李健熙，在日本三年期间，看了将近1200至1300部电影，这个数字，估计超出任何一个普通人一辈子观看的电影的总数量。也许是日本人的歧视让李健熙的自尊心受到了伤害，就是从这时候开始，所有与日本人相关的竞争场合，李健熙都希望韩国能胜过日本。

在谁也看不见谁的电影院里，既无歧视的眼光，也没有差别待遇，还能消磨时间，再加上电影又十分有趣，对小小年纪的李健熙而言，电影院是他下课后最好的休闲场所。

李健熙刚好是在日本电影的全盛时期，开始了他的电影观赏生活。李健熙每周三、周六下午，以及星期天和放假日几乎都是在电影院中度过的。他每逢星期天或假日的早上九点就会带着三明治到电影院报到，一直待到晚上十点才回家。他通常星期三下午看两部，星期六下午看两部，星期天

◆李健熙与家人

最少看四部以上。

不论哪种电影,从打斗电影到美国西部片,传统电影到现代电影,李健熙从不挑剔,一律照单全收,电影院放什么他就看什么。

此后李健熙不但成为电影片或纪录片的片迷,对于电影欣赏更发展出了个人独特的见解:

"我看电影的时候将大部分焦点放在主角身上。想象自己就是电影主角,全然投入电影的情节中,随主角的喜怒哀乐欢喜或悲伤。这样一来对电影情节才容易有深刻的感受。更进一步,不光是体验主角、配角,甚至是电影里每一位出场人物的命运也可以变成自己的。另一方面,再从导演、摄影师的角度来看电影,又可以得到完全不同的感动。

但是如果毫无思考,也不愿投入电影人物感受,充其量不过只是在观看会动的图片而已;相反,如果能全然投入电影剧情中,以各种角度来观看电影,可能会读到一篇动人的小说,或是预见一个不同的世界。当然刚开始以这样的方式看电影是十分困难与疲累的。但是如果能养成习惯以不同观点来观看电影，久而久之也会培养出与众不同的'思考模式'。日后，自然而然也就会用新的角度来欣赏音乐、艺术作品，或是诠释自己的工作方式。"

李健熙在看电影的时候，连主角的角色背景也在其思考的范围之内。换句话说，看电影的时候并非只去猜想故事的最后结果，而是试着去思考电影画面所呈现出的另外一面。也就是看到一个十分繁杂的场面，也要同时联想为了制造出这个场景，必须动员多少人的观点及投注多少人员的心血与努力。而李健熙的这些想法，一度接近了电影导演的工作，这甚至使他异想天开地萌生了一个梦想——以后去当电影导演也不错。

5 走入一个人的洞穴

"狗成了我最好的朋友，从此我也知道了人和动物之间是可以进行心灵对话的。"

在日本，李健熙没有一个朋友，所以，进入中学以后的李健熙开始养狗。对于这个孤独的少年来说，狗不是一个依靠的对象，而是在寂寞的环境下能够谈心的朋友。他和自己的狗睡在一个房间，亲自给狗沐浴和梳毛等等。在此后的一生中，李健熙对狗的感情也没有改变。也正是这个原因，李健熙从来不吃狗肉（朝鲜半岛自古有吃狗肉的习惯，狗肉汤被称作夏季滋补佳品）。

当李健熙第N次哀求父亲，表示真的没办法在日本待下去了，希望能回到韩国的时候，李秉喆很难得地同意了，但是他有个附加条件，那就是李健熙必须先上完中学一年级。

如果当时李健熙回国后能和同学们相处融洽,或许他养狗的兴趣会被其他爱好所取代,至少不会像他以前在日本的时候那样,把自己的所有精力都花费到狗身上,可是事实往往没有人们所期待的那么美好。

◆李健熙的一子三女

"回国后,我进入了中学,可是当时反日的氛围很浓,刚从日本回来的我也一时难以适应学校的生活,这样一来,我和狗更加亲近了……"

由于长时间在日本生活,李健熙的言行习惯性地带有浓浓的日本味。这在战后反日情绪非常强烈的韩国,显得异常刺眼,于是李健熙被他的同学们叫作"小日本鬼子",遭到歧视和孤立,并再次成为了孤家寡人。

在这种情况下,对于没有一个朋友的李健熙来说,狗成了他唯一的朋友。

在和同龄人保持正常交往的同时认为狗是人类宝贵的朋友,和认为狗是自己唯一的宝贵朋友,并且相信人和狗可以进行心灵对话的这种心态,显而易见是完全与众不同的。从此,李健熙将走向一条与常人不同的道路,沿着这条道路,李健熙将走进一个安静的、只有自己一个人的洞穴。在那个洞穴里,他将成长为一个与正常人完全不同类型的人。

1993年,在一次采访中,李健熙这样回忆道:

"我几乎没有想见面的朋友,我是内向型性格,也不喜欢抛头露面。可能是因为在国外长大的,跟别人也没有共同话题。"

这里的"没有共同话题",跟我们通常意义上理解的单纯没有共同话题可能不一样,是李健熙对"对话本身就是不可能"的一种委婉表达。终其一生,李健熙也很少和别人有私人性质的聊天,即使面对韩国总统,他也是沉默寡言的。三星集团内部会议,通常会变成他一个人的演讲会,而不是真正的会议。就算是面对家人,李健熙还是会充分保持自己沉默的权利,尽可能地不说话。

"在家里,我的外号是'没话的人',是一个最无趣的人。20年的时间里,我和家人一起到外面吃饭也就是两三回吧。我每天回到家里,就换上睡衣待在自己的房间里,几乎不再出来。孩子们习惯了我的脾气,隔三差五地进来一次,叫一声爸爸,最多再聊上五分钟。

"可能是因为一直远离父母兄弟成长的缘故,一旦遇到烦恼,我就会自己去思考。我常常一个人走进房间,锁上房门,半天或者一天都不出来。如果有什么事情,我也是这样把自己关进房间里,看书、看电视、听听过去的老歌或者

◆李健熙与家人

◆李健熙与他的家人

独自思考。通过这样的方式，百分之七八十的问题都能得到解决。"

就这样，在童年时期如饥似渴地盼望交朋友的李健熙，因为没有交到可以敞开心扉的同龄朋友，最终成长为一个隐遁在洞穴里的人，并对这种孤独习以为常。

 与机械间的爱情

童年的李健熙沉默寡言，他喜欢一个人安静地思考问题，对着天空发呆，或者埋着头拆卸自己的玩具。或许，在别人看来，这个孩子内向又死板，并不是那么讨人喜欢。但是，人们往往忽略了，性格无好坏之分，每种性格都有他的优点。

落寞的日子催人成长。由于没有什么特别的朋友，李健熙在社交上浪费时间的机会很少。大把的课外时间，李健熙除了用来欣赏电影，就是拆

解组装机械。不管是普通玩具,或是稀奇古怪的"家伙",李健熙总是把它们支解、拆开,再重新组合。这在当时成了少年李健熙最喜欢做的事情。

内向而沉默使得李健熙很容易沉迷于研究,专心致志地研究各种新奇玩意儿。拆卸和组装玩具使他对机械有种特殊的偏爱。成年后,他拆解、组装的对象成了相机、录放机,甚至汽车。对李健熙来说,电影分析跟机械分析有着异曲同工之妙。比如,一部造型精美的录放机,只巡视外观是远远不够的。要深入了解录放机,就必须将其拆解,一一查看其内部构造和设计,了解其原理,然后组装起来。用全新的角度来思考,创新。

于是李健熙渐渐成了一个机械狂,他的书架上有关电子、宇宙、航空、汽车、引擎工程、未来工程等专业书籍要比管理学书籍多得多。1967年后,李健熙下班之后的所有空闲时间几乎都和机械打交道去了。不管是电子产品还是各种机械,他一定都先将其分解,然后重新组合,研究了解各个结构的功用及性能。

李健熙同时大量阅读与机械相关的书籍,通过拆卸和组装电子产品和各种机械来学习其功能和性能。遇到自己无法解决的问题的时候,干脆就请技术人员来家里亲自为他讲解及说明。到过李健熙家中为他说明的日本技术人员高达数百名之多。

在这样努力的钻研之下,即使是极为细微的电子产品零件,李健熙都拥有过人且深入的了解,并且能比专业技术人员更加熟练地拆解和组装一般的电子产品。

是什么原因使财阀家族的小儿子李健熙成为机械狂的呢?或许,我们可以从世界首富排行榜中名列前茅的沃伦·巴菲特身上找到答案。

沃伦·巴菲特在美国财经杂志《福布斯》2009年11月11日公布的"全球最具影响力的67位人物"名单中位居第14位,是鼎鼎大名的伯克·希尔哈撒韦公司的总裁。他从8岁开始就在大街小巷收集瓶盖。只要是市内的酒家，他都会过去收集瓶盖。在他家的地下室里，各种各样的瓶盖堆积如山，可口可乐、百事可乐、乐啤露、姜汁汽水等，可谓应有尽有。

这应该是个相当古怪的爱好，但巴菲特就是热衷于这种爱好。每天吃过晚饭，巴菲特就在房间的地板上铺上报纸，把当天收集来的瓶盖，分门别类，数了又数。通过这些数字，巴菲特可以知道哪种酒水饮料最有人气。

当然，巴菲特并不是为了知道这些去收集瓶盖的，而是他喜欢各种数字，钱仅仅是其中的一种数字。巴菲特在做这些事情的时候，心情能迅速平静下来，他的统计学和概率原理也是从这里开始掌握的。

巴菲特从小就受到自己极度害羞这一性格的折磨，还患有强迫症。这位全世界最富有的人，几十年都住在奥马哈这样的小城市的普通房子里，穿着破旧的衬衫在顶级宴会上寻找汉堡和可乐。这可不是因为巴菲特具有革命前辈的艰苦朴素的作风，而是因为他患有强迫症。可就是这种强迫症，给巴菲特的人生带来了改变。热衷于数字和统计，为他的投资能力提供了实践的基础，最终让巴菲特成为了世界一流的投资家。

和巴菲特一样，从小饱受排挤和缺乏关注的李健熙，为了排除自卑感和孤独感，也采取了热衷于某种事物的看起来有些奇怪的手段：与狗进行"心灵对话"、埋头看电影、沉迷于机械物品，很多行为皆是如此。

关于喜欢拆卸音响和电视机等，李健熙是这么说的："从小，我就买来数不清的东西，把它们一一拆开，因为我想看到那里面到底是什么。通过不停地拆卸物品，我学会了质疑事物的外表。我看一件物品，看到的不仅仅是外表，还看到了它内在的东西。"

严格来说，李健熙的话并不完全真实，"想看里面"的欲望并不是他最初的目的。这种与机械之间的爱情，起初只是他为了忘记孤独而采取的一种手段而已。可随着他拆解的对象逐渐扩大，从常见物品到汽车等大件物品，最后到人心，通过执着、热衷以及剖析，李健熙在无意间得到了"质疑外表、探察内在"的长时间训练,并渐渐形成了自己的思维特点。

李健熙现在看任何事物,必须"看到里面"才肯罢休,他本人也意识到这种思维所具有的优点,并把这一点成功运用到了经营当中。最终成为了三星改革的核心战略和哲学,即所谓的"本质主义"。

7 快乐的熊孩子生涯

"我在日本的时候,日本正在流行专业摔跤运动。虽然专业的和业余的完全不同,但是可能是受到这些影响,我在考虑了柔道和摔跤之后,选择了摔跤。"

在那个时代,专业摔跤在日本很流行,尤其是韩裔选手力道山,几乎成了天王巨星般的存在。一开始,力道山是作为相扑选手出道并成名的。由于是朝鲜人的缘故,难免在日本人的国粹相扑界受到歧视和不公正的待遇。

力道山几番抗议无效,只能无奈地退出了相扑运动。后来,他又作为摔跤运动员大放光彩,在日本掀起了专业摔跤热潮。日本人甚至因此把力道山奉为英雄。

作为一个外国人,通过斗争来抵抗周围人的排斥和歧视,最终成为受到所有人崇拜的英雄,没有比力道山更具有戏剧色彩的了。也许这个少年常常会在独自一人的时候,想象着自己能像力道山那样成功,不但能得到朋友和家人的关注,还能得到父亲的喝彩和称赞。或许这个少年还有一些别样的念头,觉得成为力道山那样有力量的人,才能不害怕并战胜父亲!

正是因为这样的心理,李健熙从此把力道山当作自己的偶像。在日本上完中学一年级回国后，李健熙进入首尔大学师大附中读书。升入师大附属高中后，他做出了加入摔跤队的选择。

李秉喆的爷爷是儒学大师，并在乡里建立了文山亭书院。从小受到爷爷儒教家风熏陶的李秉喆当然不会喜欢儿子爱好摔跤这样的暴力运动，但儿子毕竟到高中年纪了，做父亲的心里再不高兴，还是给了儿子一点自由，任由他去折腾。也许李秉喆这样想：等这小子被摔得鼻青脸肿，受不了的时候，自然会自己放弃的。

在摔跤队里，李健熙第一次找到了存在感。因为他个子高，块头大，皮肤还非常白皙，李健熙被同学们起了个外号叫"白熊"。当时摔跤队员和橄榄球队员常常在一起进行集体训练。这是由于橄榄球运动员需要用力量来推开对方的选手，所以提高上半身力量是必需的训练课程。通过与橄榄球队员一起集训，李健熙体验到了橄榄球运动的快乐，也改变了他对人生和自我存在的态度。

"不管刮风下雨，橄榄球比赛一旦开始，就不能停止，一定要继续下去。在行走都很困难的泥泞中，也要奋不顾身地碰撞和奔跑，只为了这个团队的目标而前进。激烈的拦截和攻击不断交织在一起……克服恶劣天气的不屈斗志、聚成一团的凝聚力、突破拦截的坚强精神，这些就是蕴藏在橄榄球运动中的精髓。从这一点来看，我们最需要的就是要用奋不顾身突破难关的橄榄球精神来克服精神上的失败主义。"李健熙如是说。

通过橄榄球运动，李健熙第一次体验到了团队协作的精神。此前李健熙所做的一切，都是一个人的运动。虽然摔跤也需要和对手竞争，那也只是一个人的比赛。然而橄榄球是很多人一起进行的集体运动。正是通过橄榄球运动，李健熙有生以来第一次领悟到了什么叫共同目标，什么是集体主义。对于这些，李健熙都是在剧烈的身体冲撞和疼痛中明白的，所以让他不得不印象深刻。

正是橄榄球运动的影响，对于李健熙来说，集体的概念并不是一个同甘共苦的概念，而是朝着同一个目标进行斗争的组织概念。就因为这样，他想融入集体当中体会归属感的欲望越强烈，就越要继续带着某种目标跟别的集体做斗争。或许这就是他日后成为三星集团会长之后不断强调危机、鼓励战斗的原因。

在摔跤时，李健熙首次明白了制定目标是非常重要的，他当时的目标是在全国大会上获奖，为了实现这个目标，不管是多苦的训练，李健熙都不觉得辛苦，会比别人更加认真地进行训练，最后，李健熙终于在全国大会上获了奖。他感到非常自豪，以为这次能得到父亲的赞许。

如果是别人的父亲，肯定会表示出或多或少的赞许。可是，李健熙的父亲李秉喆对此却没有做出一个字的称赞和评价，他似乎采取了一种无视或者漠视的态度，这让李健熙感到失望，当这种失望积累得越深，李健熙就越想让父亲为自己不给儿子父爱的行为感到后悔。他想在父亲平静的面容上掀起无数个杂乱的波纹，他想总有一天会战胜和超越这个心狠可怕的父亲。

不过，他现在什么也干不了。对于高中时代的李健熙来说，父亲仍然是一个无法亲近的、不可战胜的，甚至是可怕而失望的存在。

李健熙喜欢摔跤，他喜欢在汗如雨下的状态中检验自己的肉体所承受的极限，还喜欢在群体活动中交朋友，更喜欢在运动结束后和朋友们一起成群结队地去公共浴池洗澡，然后大家一起去吃烙饼、年糕等路边小吃。对于从小没有朋友的李健熙来说，这几乎是他一生中最美好的时刻了。如果可以，也许李健熙会像《来自星星的你》中的都教授一样，把时间永远停留在那些瞬间。

当时和李健熙一起上首尔大学附高的同窗吴方根回忆说：

健熙上学时穿的是白布做的校服，他习惯故意把新校服洗旧来穿。我还记得他在清溪川市场和朋友们一起高高兴兴吃过血汤和便宜的米饭。

与李健熙一起参加过摔跤队的宋京熹也回忆说:

有一次健熙送来了满满一箱香蕉,这在当时可是很少见的稀罕物。比赛前夕本来是需要控制体重的,可是所有人都不管不顾胡吃海塞了一顿。结果因为吃得太多太猛拉肚子,反倒自然控制住了体重。

◆生活中的李健熙

这些曾经经常在一起进行群体活动的首尔师大附高的同学们,毕业之后也继续保持着深厚的友谊。对于李健熙来说,这段集体生涯的经历是无比珍贵的。几年后,一位曾经在师大附高指导过橄榄球队的老师为了参加日本东京奥运会开幕式去日本了。当时在日本早稻田大学读书的李健熙得知后,立即恳请老师住到自己家里去。

然而美好的时光总是短暂的。到高二年级期末的时候,李健熙在一次训练中不小心把靠近眉毛的部位撕裂了,之后李健熙便退出了摔跤队。李健熙在日后谈到这件事情的时候,很无奈地说:"这种事情对于摔跤运动员来说是经常发生的,队员们对此也习以为常。可我母亲看到那个样子,就吓了一跳,动员所有的哥哥和姐姐们找到校长,让我必须退出。所以第二天我就被摔跤队扫地出门了。"

由此可见,李健熙不是自愿放弃摔跤的,他很想继续参加,可是因为家里的压力,不得不放弃。李健熙心里很清楚,虽然父亲从来没有说过让他放弃摔跤的话,但母亲、哥哥、姐姐都是父亲的代言人。放弃摔跤队活动,归根结底其实就是父亲的意思。否则只要他开口说一句话,李健熙就能回到摔跤队继续他快乐的"白熊"生涯。

就在李健熙为此痛苦不已的时候,他又一次接到了父亲让他再去日本留学的严令。在李秉喆的命令下,李健熙被迫放弃了他已经考上的延世大学,准备前往日本早稻田大学就读。就在他打点好行装、准备动身的前两天,李秉喆把儿子叫到了自己的书房,他这样说道:

"我看你的性格不适合搞企业。"李秉喆这里说的企业,其实是指制造业。"你觉得媒体怎么样?"

"好啊。"

"嗯,那你在学管理学的同时也关注媒体吧!"

在儿子远赴异国他乡之前,这对父子的谈话,仅此而已。

8 共度一生的女人——洪罗喜

早稻田大学是日本最著名的贵族私立大学,曾培育出了许多掌控日本政界和商界的人物,但更重要的是,这是李健熙的父亲李秉喆当年上过的大学。

也许是李健熙对这所父亲的母校不感兴趣,他在早稻田大学的学业表现平平。确切地说,李健熙只是在努力避免不及格而已。对于在早稻田的大学生涯,李健熙是这

◆李健熙夫人洪罗喜

么回忆的:

"我对学习真的不感兴趣……不是有一种在成绩不及格的时候再提高百分之十的技巧吗?那也是技术。我曾经到处打探教授会出什么题目。我在想,不好好学习还能生存下来的那种技巧会不会也能用到工作当中。当然这种事情不好对年轻人讲,但我还是在努力寻找不怎么学习还能显著提高效率的办法。这个方面,我可做得很彻底……我会让修过某课程的同学拿出过去两年的考卷,然后开始学习。这样就能猜对百分之七八十的考题。"

1965年,李健熙从早稻田大学毕业,前往美国乔治·华盛顿大学就读管理学研究生。似乎是距离父亲更远的缘故,李健熙的生活比在日本时自由了很多。对于在美国的留学生涯,李健熙依然很少提到学习,他把更多的注意力放到了汽车上。

"我第一次开的车是埃及大使开过的车,这位埃及大使刚买的新车,没跑到500米,中东战争就爆发了,他接到了回国的指示。这辆新车当时的价格是6600美元,我用4200美元就买下来了。开了三四个月以后,我又以4800美元的价格卖了出去,净赚600美元。接着我又买了一辆美国人没开过的车,擦干净、打蜡之后我开了一段时间再次卖掉。就这样,在一年半的时间里我换了六次车,最后算下来,我还赚了六七百美元。"

李健熙一年半换六次车,当然不是出于类似国人的炫富心理,他更多的是出于对汽车的好奇,从而抚慰自己远离故乡的孤独与寂寞。

主修经济学、辅修传媒学的李健熙在美国学习了一年半之后,利用暑假去墨西哥旅游了一趟。因为签证问题,他没有从墨西哥返回美国,而是去了日本东京。在那里,他遇到一个将陪伴他度过一生的女人——洪罗喜。此时为1966年9月,李健熙正好24岁。

洪罗喜当时正在首尔大学应用美术系学习,年龄比李健熙小三岁。为了这次相亲,洪罗喜和母亲一起到达了日本羽田机场。李健熙去机场接机的时候，两人开始了他们此生的第一次会面。

洪罗喜出生于1945年7月，她的父亲是洪琎基，在日本占领时期任全州地方法院的审判官。洪罗喜正是他在全州任职时期出生的大女儿。这个女儿对洪琎基来说，是"在全罗道获得的喜悦"，所以起名叫罗喜。

韩国独立光复后，洪琎基参加了自由党政府；1958年后任法务部部长；1960年4月后任内务部部长，强力说服李承晚总统宣布戒严令；在4·19事件时，据说他曾在电话中对首尔警察局长用强硬的语气下命令说"如果出现比现在更严重的情况，就开枪射击吧"。

4个月后，洪琎基因涉嫌下达开枪镇压命令被逮捕并判处死刑，洪琎基上诉后改为无期徒刑。在1963年8月光复节特赦被释放出狱。

在洪琎基三年半的监狱生涯中，李秉喆曾去看望过他，并每个月都寄去书籍之类的东西。在那个年代，一个企业家肯去见一个罪名巨大的政治罪犯，是需要一种非凡的勇气的。对于父亲的这种行为，李健熙是这么理解的：

"我的岳父是一位知识非常渊博的人，而且在理论方面造诣深厚。在20世纪50年代，他就已经提出来要发展企业没有银行和保险公司是不行的。他知道在企业壮大之后，资金才是最关键的环节，其他方面都是微不足道的。父亲听到这番话之后再看日本大企业的发展历程，果然如他所说，不禁大吃一惊。早在我岳父入狱之前，父亲就想把他挖进三星了。"

洪琎基被释放后，李秉喆立刻把他招进了三星管理层。1966年后，洪琎基接替李秉喆成为三星建立的《中央日报社》会长。双方的父辈有着这样的渊源的亲密关系，李健熙和洪罗喜的姻缘自然也就变得顺理成章。虽然洪罗喜在此之前，从没想到过李秉喆会长会挑中自己做他的三儿媳妇。

在羽田机场首次见面后的第二天，李健熙和洪罗喜便开始了他们的单独约会，一起去观看了电影《日瓦戈医生》。这两个年轻人在短暂的时间里,便对彼此留下了很好的印象。期间还发生了一个有趣的小插曲,据说李健熙的母亲看到洪罗喜后就变得忧心忡忡。她觉得洪罗喜一切都好,就是个头太高了。

李健熙身高168公分,洪罗喜的身高有165公分,而当时韩国男性的平均身高才165公分,韩国女性的平均身高只有155公分左右。由此可见,洪罗喜的身高确实带给了李健熙母亲很大的

◆李健熙长女李富真

诧异。不过李健熙并不想放弃这段姻缘,他笑着对母亲说:"为了下一代考虑,高一点的子女不也挺好的吗?"

听他这么一说,李健熙母亲一想也是,这才放下心来。

1967年1月,李健熙与洪罗喜举行了订婚仪式,紧接着在洪罗喜大学毕业后不久的4月30日便结了婚。一直深陷于"韩国肥料事件"阴影的李秉喆一家露出了久违的笑容。

第二章
三星之父李秉喆

1 我们为什么关注三星？

企业是人类历史上最伟大的发明之一。它为人们提供就业岗位，不断创造社会财富，对人类社会的发展起着举足轻重的作用。实力企业的数量直接体现了一个国家的经济和科技实力，是国家国力强弱的标尺。

一位新闻工作者曾在自己的著作《企业的历史》中论述道：在竞争激烈的今天，衡量国力的标准不再是该国能动用的军舰或者兵力的数量，而是其所拥有的实力企业的数量。企业往往拥有最强烈的创新意识和最先进的生产力，成为社会发展的原动力。而企业的管理直接影响它的经营状况，决定竞争的胜负。每家实力强大的企业都不是一蹴而就的，只有科学管理，不断改革、创新、与时俱进，才能长久地立于不败之地……只有坚持这种努力和革新才能在未来的道路上走得更远。

在20世纪，单纯依靠机械的批量生产已经不能够满足时代的需要，科学管理方式和生产力变革逐渐登上了舞台。在这种趋势下，生产力以前所未有的速度迅猛发展，人们的生活随之变得富裕充足，科学化管理也应运而生。

1911年，钢铁公司的技术员泰勒总结自己的经验和研究成果，编著出版了《科学管理原理》一书，泰勒也因此被誉为"科学管理之父"，他的科学管理理论拉开了真正意义上的管理学的序幕。

这一时期可谓是管理学发展的萌芽期，而韩国三星的创始人李秉喆正出生于这一历史性时期起始的那一年（1910年）。

以 19 世纪的产业革命为契机，世界企业的数量和规模急速增长，如化学产业的领头羊杜邦、石油产业的始祖美孚石油、零售产业的鼻祖西尔斯先后于 1802 年、1870 年、1886 年创立家业。

而韩国企业的发展则相对较晚，韩国三星、现代、LG、柳韩洋行分别于 1938 年、1946 年、1947 年、1954 年成立。伴随着众多企业的涌现，管理学得到了不断发展，经营者们开始探索具有韩国特色的商业模式。

在韩国经济的发展中，企业和人才扮演着不可或缺的角色。期间，杰出企业家层出不穷，他们摸索出独特的经营理念和技巧，创造了适合韩国企业氛围的商业模式和管理理论。

例如，三星创始人李秉喆提出"人才第一"、现代企业郑周永提出"生产革新模式"、LG 具仁会提出"人化模型"、柳韩洋行柳一韩提出"生产改革模式"等，可以说第一代创业者的挑战和革新精神是大韩民国跃升为经营强国的动力。

三星集团始于 1936 年，以马山碾米合作厂的创设为开端。两年后，三星集团的前身三星商会成立。三星集团在 20 世纪 50 年代后半叶起成为韩国经济界的执牛耳者，之后便向着世界一流企业的目标进军，现已成为领军半导体、计算机、商用电子产品、基因工程、手机等尖端产业的知名企业，赢得了世界的瞩目。

如果说 1960 年至 1990 年是韩国企业埋头追赶世界先进企业的时代，那么，现在的韩国尖端企业已经开拓出了一条属于自己的道路，并成为世界各国企业追赶的对象。毋庸置疑，这些巨大的成果应归功于韩国的商业巨子们。

与摩根、福克、克虏伯等国际财团相比，韩国企业的历史并不悠久。就连邻国日本的三菱、三井等代表性财团也都于 19 世纪 70 年代便开始创立，迄今已有 140 年的历史，而韩国企业是在大韩民国光复后才得以发展的，其历史只有数十年，显得短暂而微不足道。

1945年8月15日，韩国光复以后，国内局势动荡。而三星作为韩国企业的一面旗帜，屹立不倒，勇往直前，发挥着韩国龙头企业的作用，引领着韩国经济。

从某种程度上说，三星的历史代表着整个韩国企业的历史。李健熙认为："三星一路走来，为发展成符合时代和社会需求的企业而不断挑战，历尽考验和变革。"

进入21世纪，李健熙强调，三星集团将会继续朝着世界一流企业的目标迈进。2003年，他设定了第二季新经营的方向，其要旨是"加快企业转变的步伐"和"科学转变，深化内部改革"。

一家企业，能在风云变幻、沉浮不定的韩国商界中不断成长，在众多财团企业中独占鳌头，可谓是奇迹。有调查表明，韩国1965年的百强企业（以销售额为标准）到了1991年只有16家仍位于百强之列。尤其是，1960年的十强财团企业到了2011年仍在十强席位上的，只剩下三星和LG。

三星集团的发展史不过短短70多年，就在这70多年间，许多企业纷纷涌现而后又渐渐消失。在不断变化的洪流中，唯有三星坚守着传统并成长为全球顶尖企业。尽管三星的韩国最佳企业宝座曾被现代集团夺去，但那只是暂时的。进入21世纪以后，三星与位居第二的韩国企业的距离正在不断拉大，不仅牢牢守住了在国内的优势，还稳稳跨入了世界一流企业的行列。

三星的发展壮大，得益于三星独创性的经营活动和经营理念。三星顺应时代发展的要求，果断进军新兴领域，引领市场，不断发展壮大。强有力的领导和创造性的经营活动，使得三星这块牌子成长为韩国企业的名片。

三星特有的传统"儒家伦理"和现代"合理经营理念"，深深地影响着三星的企业风气、企业教育、发展氛围……企业的经营理念和经营哲学推动着三星的发展。

马克斯·韦伯曾指出"理念驱动企业",三星的经营思想正是三星集团的驱动器。在众多韩国企业中,唯有三星把"实业报国"定为社训。

三星是传统的韩国式公司共同体,也是家族企业共同体,深受儒学影响;它还是合理化经营的共同体,具有面向公司内外的竞争体制。一方面,三星共同体的员工作为"三星人",团结在会长周围,形成了以会长为中心的坚固的家族式纽带;另一方面,作为三星共同体践行合理化经营,积极参与激烈的外界竞争。

不过,三星集团不是一个不分国籍的跨国企业或者全球企业,而是一个具有韩国企业特色的公司共同体。特别是李健熙就任三星集团会长以后,他提出的"新经营"理念在全球兴起。李秉喆与李健熙父子现已成为世人津津乐道的韩国最佳企业家、经营天才和企业名人。

 李秉喆的苦难奋斗史

"我的工作很简单,就是寻找我应该做的事情是什么。"这就是李秉喆成功的真谛。

不管是对比管理学之父彼得·德鲁克给予的建议——卓有成效的管理者要管理好自己的时间,集中力量在应做的事务上,还是比较现代人总结的当今时代的主题——未来社会的才能标准不再是寻找"怎么做",而是要知道"做什么",李秉喆的观念都毫不落伍。

1910年2月12日,三星的创始人李秉喆生于庆尚南道宜宁郡正谷面

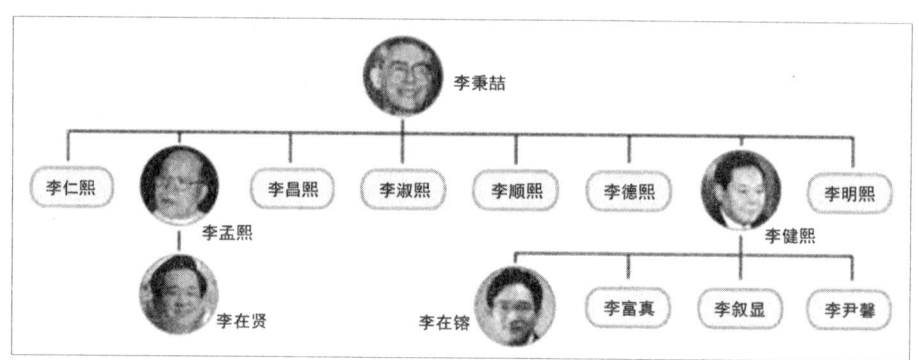

◆李秉喆家族成员示意图

中桥里。他在儒学家风的熏陶中成长,祖父是儒学者,父亲也十分推崇儒学。李秉喆从5岁起,在祖父创立的文山亭(书塾)里学习汉学5年。他很喜欢读《论语》,简直爱不释手。

在儒学的影响下,李秉喆无论是会见宾客,还是教育员工,常会引用《论语》中的句子。《湖岩自传》中就多次引用了《论语》中关于道义、孝、仁爱等内容。

在日本统治时期,这个略带书生气的年轻人曾向朝鲜殖产银行借贷,投资房地产,却以失败告终。

1937年7月,日本发动全面侵华战争,朝鲜总督府下达了"经济统制令"("临时资金调整法"),强行回笼朝鲜殖产银行等金融机构的贷款。三星借贷的资金也被强制收回。而当时土地价格大幅下滑,这无异于雪上加霜。李秉喆为了还贷,不得不变卖协同精米所、日出汽车公司等固定资产,甚至低价出售土地,最终宣告破产。

土地投机让三星获得不少收益,但因为银行回收贷款,使得三星一度破产倒闭。这次惨痛的教训,让李秉喆下定决心不再进行投机活动、违规经营。

1938年3月1日,李秉喆用30000韩元的资金在大邱开始了以"三星商会"为名的生意。在三星运营的早期,公司主要出口韩国的鱼干、蔬菜和水果到中国东北和北京。

韩国光复以后，因为目睹民族解放，国家获得独立，李秉喆的想法发生了巨大变化。日本殖民时期的亡国之悲，战争带来的痛苦回忆，使他渴望国家富强昌盛。于是李秉喆怀揣着"实业报国"的创业热情，重新开始了他的事业。不久，三星创办了面粉加工厂和糖果厂，开始生产和销售。

1948年11月，李秉喆将三星的办公室移至汉城，并成立了三星物产公司。这标志着三星开始进入全面化的国际贸易。在这个时候，李秉喆开始以他一贯的管理风格闻名，比如让雇员参与投资、利润分成和对雇员能力的奖励等。

1950年6月，朝鲜战争爆发。韩国经济因政治和社会的动荡而极不稳定，一度稳定增长的三星公司在战争中失去了全部资产。

虽然损失惨重，李秉喆并没有泄气。相反，在1951年1月，他将公司移至釜山（朝鲜半岛南端的主要港口），并成立了三星物产株式会社，以进入生产工业，开始了重建三星的第一步。在其经营理念的指导下，三星很快便驶入了高速发展的轨道。

那时候韩国社会对糖和西服的需求量很大，李秉喆便成立了CHEIL糖厂（现在是第一制糖，一个独立经营的公司），以从国内采购代替进口；紧接着又成立了第一毛织系统，并开始了韩国自产布料的时代，这两家公司很快成了当时的龙头企业。

就这样，李秉喆不仅成功拓宽了业务范围，转入轻工业领域，从事生活用品等消费资料的生产，也帮助了韩国经济的重建。

在20世纪50年代中期，大部分韩国公司还是通过在学校、家庭和亲戚中的关系雇佣雇员，而三星已经开始了现代企业经营模式。1957年，三星成为韩国第一个建立人事系统、公开招聘雇员的公司。这个系统为招聘和开发高效劳动力而设计，并且它拥有提高雇员福利的政策。

3 命运，掌握在自己手中

1961年5月16日，朴正熙发动军事政变上台。上台后的军政府根据出口额把前十一位企业经营人列出，说他们是"聚敛不义之财"之徒，而李秉喆是名单上的第一人。那时，李秉喆身在日本，韩国政府派人到日本，督促李秉喆回国。无奈之下，李秉喆在东京帝国饭店举行记者招待会，宣布将全部财产捐献给国家。在做出这一番表白后，李秉喆回国。20年苦心经营的第一毛织和第一制糖等企业在走上正轨后不得不被放弃。

后来，朴正熙政府以李秉喆参与国家经济开发改革，并用经营实业所得缴纳罚金为条件将其释放。虽然李秉喆缴齐罚金，解决了违法敛财的问题，但其所持银行股份（1958年持有商业银行33%的股份，1959年持有朝兴银行55%的股份）悉数被收归国有。

在朴正熙总统遇刺后举行葬礼的时刻，李秉喆的心情是怎样的？《三星之父李秉喆》这本书中曾有这样的描述："今日葬礼上的这个人生前让三星遭了多少罪！三星参加并购某公司的投标，我们开出最高价格500亿元中了标，结果以这个那个为借口，不把公司转让给我们。不仅如此，反而是那些没有参加投标的企业，仅仅用小小的100万元就并购成功……虽然他生前想尽办法故意刁难三星，但是今天看到他举行葬礼，心里还是错综复杂感慨万千啊！虽然政府这样或明或暗地迫害三星，三星还是一直保持了年平均30%的增长率。"

李秉喆在韩国社会动荡的60年代历经了一切艰辛磨砺，并引以为鉴，最终走上了企业经营的正轨，从这时起，李秉喆开始不仅仅着重于企业经营，而同时也着眼于韩国社会教育和文化的发展。他投入大量资金到大邱和成均馆大学以进行人才培养。为了以利润回报社会，1964年1月李秉喆建立了三星奖学会。1965年4月，他又成立了三星文化财团，在韩国社会和文化发展中扮演领导角色，并以超前的战略眼光在1969年成立了三星电子公司。

李秉喆认为，从这一时期的技术、劳动力、附加价值、出口展望等方面来看，在当时的经济形式下，电子工业是最适合于韩国国情的产业。如今我们以三星电子在世界半导体领域的成功来看，他当时的决定再正确不过了。

同时李秉喆还成立了韩国化肥生产公司（现为三星化学公司），在几大主要工业领域的日益扩张，让三星集团逐渐成为韩国企业的龙头。就在这个时期，李秉喆风格的三星经营学，于1973年以条文形式确定下来。

1973年，李秉喆将"实业报国"、"人才第一"、"合理追求"三大理念写进了他的"三星第二个五年计划"里。

4 宿命的韩国肥料事件

1967，韩国总统朴正熙为了在总统选举中获胜，能够成功连任，叫来了正准备投资建设化肥厂的李秉喆。两人于是达成协议，李秉喆为总统选举提供政治资金，朴正熙政府则全力支持李秉喆的化肥厂建设工程。

1965年9月和10月，李秉喆的化肥厂和蔚山厂区建设工程很快获得政府批准，并于12月开始动工。

与此同时，韩国和日本通过复杂的外交运作，达成了韩日邦交关系正常化。同时韩国政府向日本财阀三井物产提供4200万美元的贷款，并且三井物产同意向此次贷款的促成者三星提供100万美元的回扣。

由于当时韩国实行严格的外汇管理制度，这么大一笔外国资金进入韩国实在太引人注目，李秉喆就此事向朴正熙汇报后，朴正熙认为，把钱直接带进来确实有困难，但可以用这笔钱在日本购买一笔物资进入国内销售，直接转化成韩元，如此一来，可以赚到更多的钱。双方达成协议在物资顺利销售后，1/3用作朴正熙的政治资金，1/3用在短缺的化肥厂建设工程资金上，1/3用作韩国肥料公司的运转资金。

这是一批很庞大的物资，包括抽水马桶、冰箱、机床、各种工程机械以及一大仓库糖精。这都是当时韩国最紧俏的货物，李秉喆乐观地推测，"最后赚到的钱能达到4倍，即400万美元"。而具体负责这件事情的人是李秉喆的次子李昌熙和韩国肥料公司常务理事李一燮。可在1966年5月，所购糖精在蔚山港口靠岸的时候，却被海关部门截获了。

三星辩解说这是李一燮常务为了解决韩国肥料公司暂时性的资金短缺问题，私自犯下的错误。朴正熙政府也想方设法掩盖真相，谁也不希望这件事情继续扩大。所以，三星在缴纳了2400万韩元罚款以后，以为自己已经成功拿到了免罪金牌。可是，事情往往不像当事人所希望的那样发展。

1966年9月15日，除三星创办的《中央日报》之外，韩国所有的媒体都刊登了三星韩国肥料公司走私糖精的新闻报道。硕大的"财阀走私"标题赫然醒目，韩国上下顿时一片哗然。

第二天，国税厅厅长发布了《与韩国肥料工厂建设相关的"糖精走私"事件》的公告：

"……本次事件的主谋是担任韩国肥料公司常务理事的李一燮，他与住址不明的李昌植共谋，于5月5日通过进入蔚山港口的日本货船信州丸号,以韩国肥料为接收人,将价值3000万韩元以上的58吨糖精原料同建设材料一起走私。主谋李一燮于5月16日将相当于市价101万韩元的141袋糖精在市场上变卖出去,接着在将1430袋糖精按正常进口货物价格卖给釜山市东莱区的锦北化学工业株式会社的时候,于5月19日被釜山海关监视课截获。"

原来,权力核心内部的两大集团发生矛盾,在此过程中泄露了情报,最终让此次事件的发展变得越来越坏。然而此时的李秉喆仍然坚信他与朴正熙达成的约定,认为他会保护三星,可是事态的发展很快就让李秉喆失望了。

9月20日,李秉喆和自己的长子李孟熙一起乘坐轿车。他突然用低沉的声音说道:"孟熙,不要相信搞政治的人。" 原来,朴正熙已经撕毁协议反目了,他迅速撇清了关系,洗干净了自己,并要求三星承担此次事件的全部责任。

朴正熙是通过军事政变上台并一手打造出了韩国独裁制度的现任总统。他的种种手段使得舆论无法碰触此次事件的核心,只能以穷追落水狗的姿态继续揭露三星的各种丑闻,还曝光了涉案人员"住址不明的李昌植"原来就是李秉喆的次子李昌熙。

很快韩国国会召开了全体会议,通过了《关于特定财阀走私事件的提问》的议案,要求追究这次事件的真相和责任。执政党和在野党的议员们纷纷指责政府对财阀走私的庇护,要求查明三星集团在此次事件中所扮演的不光彩角色,提出立刻拘留所有相关人员,并要求内阁全体成员辞职。

在此期间,还发生了轰动一时的"国会污物投掷事件",无党派议员金斗汉为了表示对财阀走私的抗议和愤怒,在国会中朝着总理等内阁成员投掷了人的粪便。因为这次事件,金斗汉失去了国会议员资格,并受到了拘留和起诉。政府在巨大的舆论压力面前,决定内阁全体辞职。

"国会污物投掷事件"的第二天,李秉喆的次子李昌熙被检察机关传讯,5天之后被正式拘留。就在李昌熙被传讯的当天,李秉喆在他亲自创办的《中央日报社》会议室召开了一场痛苦的记者招待会:

"……对此次事件再三考虑之后,我最终下定决心将我作为法定代表人的韩国肥料工业株式会社捐赠给国家。考虑到韩国肥料其业务性质和其庞大的规模……只有国家亲自经营才能成功……借此机会,我要终止以我作为法定代表人的所有经营业务……"

10月12日,李秉喆将他宣布捐献韩国肥料公司的宣言解释为"将我持有的韩国肥料的51%的股份捐献给政府",并通报朴正熙政府有关部门。毫无疑问,关于李秉喆宣布全面退出和捐献韩国肥料公司决定的幕后原因,就是为了摆脱来自政治高层和国民舆论的巨大压力。

不久后,李昌熙被判处5年徒刑和1700万韩元的罚款。1967年3月,李秉喆为儿子交纳了当时最高金额的100万韩元的保释金,在李昌熙监禁满6个月后,以其患病为由保释出狱。然而此事还远远没有结束。

在1967年的总统选举中,朴正熙成功获得连任。就在选举结束的6月末的某一天,李秉喆带着长子李孟熙来到了半岛酒店(现在的乐天酒店)803室(当时的803室是著名的商界人士和政界人士举行密谈的地方)。

李秉喆与朴正熙的部下金炯旭之间,开始了这样一段对话:

"你说什么?我不是通过报纸说过,是把我所拥有的51%的韩国肥料股份捐献出去吗?"

"不是这样的,您必须捐出整个韩国肥料公司。"

"如果我不捐,会怎么样?"

"那我们就无法保障李社长一家人在国内的安全了。"

李秉喆一言不发地看着窗外好一会,终于一字一顿地开口说道:"孟熙,印章在哪儿?给他盖上吧。"

就这样，韩国肥料公司在正式捐献仪式之前4个月，就已经脱离了三星的手心。而此次"韩国肥料事件"或者叫"糖精走私事件"才终于宣告结束。

过了很多很多年以后，在1994年7月，李健熙又收购回了曾从父亲手里失去的这家公司，并改名为三星精密化学。

 接班人问题永远是最大的问题

为了尽快平息"韩国肥料事件"带来的责难和压力，李秉喆不得不在1966年9月22日匆忙宣布隐退，三星集团暂时由长子李孟熙接手负责。但是，此次决定继承人是非常仓促的，事件的爆发和发展并没有给李秉喆更多的时间来考虑接班人的人选问题。李孟熙的接班，其实只是李秉喆受形势所迫而做出的临时决定，并不代表继承人问题真正确定下来了。可悲的是，李孟熙本人并没有清楚地认识到这一点。

"韩国肥料事件"引起的混乱以及几个秘书室人员在此次事件中为了谋取私利而背叛三星，给李秉喆带来了精神上的重大打击，但经过一段时间的冷静思考，李秉喆又恢复了以前的冷静和果断，他开始重新考虑接班人的问题。

可李孟熙并不知道父亲的想法，他觉得作为长子的自己继承父业是理所当然的事情，但是，随着时间的变化，他感觉到父亲的态度一点点在发生改变。

"父亲已经宣布隐退了啊？"

这个时候李孟熙完全没有想过父亲还有重新回到第一线的可能性，可是他的父亲早已恢复如初，又变成了那个冷静果断的李秉喆会长。在这种

情况下，比起老大李孟熙的懵懂不觉，老二李昌熙反而提前意识到了危机。

在"韩国肥料事件"之后被保释的李昌熙在出狱后，明显感觉到了事件发生之前还对自己给予父爱和信任的父亲，渐渐把注意力转移到了弟弟李健熙身上，而且他觉得李健熙结婚后，他的岳父洪璡基在策划着让李健熙接掌三星的种种阴谋。

而在李秉喆的回忆录里，是这样描述的：

"关于让谁来继承，我想了很久……一开始，由于周围人的劝说，而且孟熙他本人也有意愿，所以我尝试着把集团的部分经营交给了长子孟熙。但是6个月都没到，不仅企业本身，连整个集团都陷入了混乱，他本人也自愿退出了。

"二儿子昌熙说过，比起统帅集团旗下的很多人、管理复杂的大公司，他更希望扎扎实实经营适合自己的公司，因此我打算听取他本人的意愿……

"至于三儿子健熙，我看到没人能继承三星集团的整体经营，就逐渐让他参与到了集团经营的一线管理中来。我看到他本人的兴趣和志向在于企业管理，并且他认真参与和学习着，才做出了最后的决定。"

其实，这段回忆录里说李孟熙经营"6个月都没到，不仅企业本身，就连整个集团都陷入了混乱，他本人也自愿退出了"与事实真相严重不符。李秉喆的三个儿子之间，特别是李孟熙和李健熙的继承人竞争，一直持续到了1973年夏天，李秉喆在回忆录里这样说，只不过是为了证明李健熙作为三星继承人的正当性，也就是利用回忆录来帮助李健熙消除长子李孟熙对三星的影响力。

在人类历史上，继承人战争往往是最残酷的，它使得无数骨肉兄弟为了得到继承权而成为了敌人。三星集团自然也没有例外。没过多久，在李家三兄弟里最有危机感的李昌熙，率先出手了。

他开始说服与拉拢三星的管理层，提出应该防止洪琎基出于私人目的而扶持李健熙做接班人，但大多数三星公司的干部们都不愿参与到此事当中来。于是遭到孤立和无视的李昌熙决定铤而走险。他写信给朴正熙，揭发李秉喆的丑闻，希望能借朴正熙的手整倒父亲。

李昌熙在信中揭发李秉喆的事件主要有：向海外秘密转移100万美元；三星在负责显忠寺的园林建设中虚报了经费；第一毛纺和第一制糖逃税等等。

"显忠寺园林事件"是李昌熙不太清楚而误报的事情；但是第一毛纺和第一制糖逃税事件是李昌熙亲自经手的事情，所以报告非常详细。看到这封信后，朴正熙也许并不想把李秉喆一棍子打死，他只叫人调查逃税事件并采取措施，对其他事情则不予理睬。

"韩国肥料事件"的伤口还未完全愈合，李秉喆的后背上又被捅了一刀，而且捅这一刀的还是自己的儿子。伤透了心的李秉喆把李昌熙叫了过来，命令他立刻离开韩国："只要我活着，你就不要再想踏入韩国一步！"

李秉喆的态度很坚决，但是李昌熙并不想就这么离开，他找到了李孟熙，试图说服大哥："我做错了什么，要去美国啊？我是为了救三星，才那么做的。大哥你也知道，只要父亲继续介入三星，三星就绝对不会好好存在下去。否则，三星很可能不到3年就会垮掉。"

面对李昌熙的哭诉，李孟熙只是摇头，他比谁都清楚父亲是多么坚决的人，而且李昌熙做过的事情逐渐暴露出来，让李孟熙也不禁感到寒心。

站在李昌熙的立场上，凡是妨碍他成为三星接班人的人，统统要赶走，所以他不仅要赶走父亲和弟弟，大哥一样也要赶走。

令李孟熙失望的还有另外一些人。总统府第一个拿到李昌熙举报信的人，是从中学时代起就和李孟熙关系很好的首都警备司令部的全斗焕中将，他接着这份举报信又传到了和李孟熙关系密切的朴钟圭警卫室长的手里。

这两位李孟熙的密友，只想着利用这封举报信来操纵和掌控三星，根本没想过及时通知李孟熙尽早解决这个事件。

因为这件事情，李秉喆对长子李孟熙也产生了怀疑。在三星集团，和总统府关系最好的人，就是李孟熙。虽然没有任何证据表明李孟熙和举报信事件有直接关联，但李秉喆在心中推断，即使李孟熙没有积极参与，但对李昌熙的行动至少是采取了默许态度的。

李昌熙作为王子之乱的失败者，被放逐到美国去了。可是，这场继承人战争，才刚刚开始。

 6 进军制造业

1973年8月，李秉喆提出"第二个五年管理计划"，大举进军制造业，在重工业和化学领域集中投资，并设置了造船部。同时为加强韩国在国际纺织业的竞争力，三星还将生产过程实现了原料和最终产品的一体化。

鉴于以上因素，李秉喆一口气建立了几个制造业公司：三星重工业公司（1974）、三星造船厂（1977，三星收购了大成重工业公司）和三星精密（1977，现在为三星航空工业公司）。

1974年，李秉喆预测半导体业将成为未来的主导产业，他不顾周边反对的声音，毅然做出了他此生最重要的一个决定，收购了韩国半导体公司50%的股份，着手生产电视、录像机等家用电器，并打入国际市场，开始了三星电子在半导体领域的神话。

进入20世纪80年代，李秉喆以其特有的统率能力和先见之明打开了韩国半导体行业市场，此举被称为奠定韩国尖端产业发展基石的壮举。李

秉喆的三星构架是三星公司具备一个世界顶级企业的雏形。

1983年10月，三星组建了半导体和计算机项目团队，为国内市场生产半导体产品。

1984年，李秉喆在国内外融资1000亿韩元，设立了水原器兴半导体通信工厂，同年生产通信设备及超大规模集成电路的工厂也陆续竣工。

三星器兴半导体通信工厂投入使用之后，第一条生产线上便开始生产64K DRAM(系统内存)。1985年5月，三星再斥资1900亿韩元完成了第二条生产线的建设，用以生产三星自主研发的256K DRAM。通过对64K DRAM和VLSI芯片的成功开发，三星向世界范围推广众多新型的半导体产品，并占据了领导地位。

三星精密（创立于1977年）奠定了在另一高科技领域的基础。1987年更名为三星航空工业公司后，三星正式进入航空领域。从那时起，三星以前所未有的速度发展其在航空领域的实力。

三星开始进入系统发展业始于1985年建立三星数据系统公司后（现更名为三星SDS公司），三星经济研究所（1986年成立）和三星综合技术院（1987年成立）帮助三星进一步在电子、半导体、高聚合物化学、基因工程光学通讯和航空工业等领域扩展，奠定了三星公司在90年代初的技术基础。

三星半导体的飞跃发展，可谓是韩国奇迹，让全世界为之震惊。一路走来，李秉喆以生产生活必需品的轻工业起家，接着发展重工业、重化工业，形成了有事实依据的产业阶段发展论。

而三星集团所追求的经营理念，是对创业初期李秉喆"实业报国"、"人才第一"、"合理追求"的企业精神和经营思想的继承。它是三星集团的理念和运作的航标，是三星人的精神和灵魂支柱。三星集团在这种经营理念的指导下，建立了旗下众多公司。

我们说，当"企业家哲学"的"经营信条"成为企业的理念时，企业就有了经营思想。它的特点是随着企业发展环境的变化而变化、不断充实，具有未来指向性。

1984年，三星的经营理念更为明确具体：由创社初期的"实业报国"、"人才第一"、"合理追求"开始，不断发展充实，涵盖了"创新精神"、"道德精神"、"第一主义"、"完全主义"、"共存共荣精神"。逐渐地，三星集团的经营思想融入了每一个三星人的血脉里，成为了三星发展决策和经营活动的重要准绳，即使到今天，三星经营理念依旧是三星人的罗盘航标。

第三章
初生牛犊

1 被废黜的"皇太子"——李孟熙

时间在一点点地向前推进,李健熙按照父亲所希望的方式,锻炼并成长着。事实上,这位严苛的父亲希望自己的儿子能在艰难的环境中克服危机得到成长。这就是李秉喆所说的"鲶鱼理论"。李健熙是这样回忆父亲教诲的:

"以前,老会长给我讲过一个故事。他20岁的时候种过田。当时的稻田里一般都会养泥鳅,于是他在稻田的另一边放进了一条鲶鱼。结果到了秋天,没与鲶鱼养在一起的泥鳅全是瘦瘦的,而跟鲶鱼一起养的泥鳅则长得肥壮结实。原因很简单,为了不让自己被鲶鱼吃掉,泥鳅吃得就多,每天都在拼命地游动。所以,怎么能不结实呢?不比鲶鱼强壮,又怎么能活下来呢?"

"孟熙啊,你有信心在我死之前把三星扩大100倍吗?"

"孟熙啊,你有信心把三星打造成世界的三星吗?"

◆李健熙

为了拯救因为"韩国肥料事件"而深受打击的三星集团，李孟熙全力以赴地东奔西跑，还设立了三星重建委员会，派遣出了大量人员去发达国家疯狂收集企业信息、新产品、目录等等。根据这段时间的三星记录，每年派遣海外的人次达到一万多名，他们带回来的样品都能堆满一间仓库。

尽管李孟熙已经很努力了，但他似乎没有抓住问题的关键点，原本坚实的组织也没有恢复过来，管理依然混乱不堪。创业功臣们纷纷表示了不满，甚至有人说没经验的李孟熙会把三星毁掉。

此时李秉喆并没有立刻放弃李孟熙，但他也有自己的盘算。

"得把鲶鱼放出来，让泥鳅紧张起来才行啊。"

洪琎基是被判刑后特赦出狱的，因为戴上了镇压人民的自由党凶手帽子，要想回到政界是不可能的了。对于曾经能用"比枪剑还有力的笔"来控制政治的洪琎基来说，又能参与政治又能牟利的媒体行业是非常有吸引力的。

"我一直以为洪社长（洪琎基）既是我的亲家，又是同甘共苦的同志。在中央日报社的经营上，我只是制定了基本方针，把其他的事情全权交给了洪社长。他负责报纸和广播电视的一切经营，倾注了全部的心血。很少有人很像洪社长那么理解我、协助我。"

对李秉喆来说，洪琎基是拥有比任何人都渊博的知识和洞察力的忠实合伙人。在对自己的长子感到一抹担心的时候，李秉喆把小儿子李健熙叫回来，安置到了中央媒体理事的位置上。

李健熙进入到自己岳父全权负责经营的中央日报社任职这件事情，让李孟熙紧张起来了。李孟熙非常清楚《中央日报》在父亲心目中的地位，何况，那儿还有一位父亲眼中能够"同甘共苦的同志"洪琎基正在手把手教导女婿李健熙经营管理的诀窍呢。

为了能找到使陷入危机的三星集团再次腾飞的方案，李秉喆和李孟熙一起考察了汽车产业和电子产业。李孟熙认为将来这两个产业都会非常热门,强烈主张同时进军汽车和电子这两大产业。可李秉喆直到最后还是坚持先做电子。从三星电子后来的发展和李健熙第一次进军汽车业的惨淡收场来看,李秉喆当时的决定无疑是正确的。也就是在这个时期,李秉喆感觉到了长子的好高骛远。

就在李秉喆毅然决定进军电子产业并与朴正熙面谈之后,韩国政府发布了以电子零件为出口战略产业的电子工业8年计划。1969年,三星电子正式成立,并在1973年顺利拿到了向美国和加拿大的第一笔电视机出口订单。通过这次合作,朴正熙政府开始用更温和的态度对待三星,这为李秉喆的回归提供了一次良好的契机。

1973年夏天,李秉喆把李孟熙叫了过去,似乎不在意地问:"你有几个职务头衔啊?"

"准确的不知道,大概有十几个。"

"你都能做得了吗?"

明显感觉到父亲有些不高兴,李孟熙回答说:"不能把所有的事情都做好。"

李秉喆点点头,刻意很平淡地说:"那就做你能做的事情吧。"

即使这样,李孟熙还是没有明白父亲的意思。又过了几天,李秉喆叫儿子把他拥有的所有职务头衔都写在纸上带过来。在那张小小的纸片上,写满了三星电子、中央日报社、三星物产、第一制糖、新世界、东方生命、安国火灾、第一毛纺等17个公司的副社长或者专务、理事等职务。李秉喆拿起笔在这些头衔上一个个画上了线条。

"这个是不是做起来困难啊?"

"是。"

"这个也不行是吧?"

这个时候李孟熙才明白过来，心想："哦！原来父亲是叫我退出啊。"

既然李秉喆已经表明了准备再次复出，李孟熙只能把三星的帅印交还给了父亲。在他无所事事地度过了6个月之后，李孟熙就去了日本。这次去日本不是因为有事情要处理，而是奉父命去"休息休息"。当然，李孟熙并不知道这次休假将成为他永远的假期，直到去日本之后，他还以为父亲的继承人理所当然就是自己。

虽然李孟熙认为自己了解父亲，但事实并非如此。他其实还不知道父亲的湖水有多深，不知道父亲心里的岩石有多么坚不可摧。

 李健熙的第一项事业

李秉喆和李孟熙在汽车产业和电子产业之间做选择的时候，李秉喆提出的理论是附加值的大小："你看电子产品每克的附加值是17元，而汽车每克只有3元。"从这个角度来说，在电子产品中，半导体应当是最合适的。

电子工业经过50年代和60年代的发展，进入70年代之后以集成电路（IC）开发为契机，半导体产业全面进入了成长轨道。随着使用范围从电子仪器扩大到通信设备、工业机械、军事装备等领域，半导体的需求呈现出爆炸式的增长。

因此，美国和日本等生产半导体的先进国家，集中在高附加值的技术集约型的晶圆加工产业当中，而劳动密集型的单纯组装生产逐步转移到拥有廉价劳动力的发展中国家。当时韩国也属于发展中国家，但在20世纪70年代以后，韩国国内劳动力水平加快提升、劳动报酬也在不断增长，单

纯的组装生产越来越呈现疲态。

在这种情况下，韩国数一数二的贸易商 KEMCO 为了开展技术集约型的芯片加工生产，于 1974 年成立了韩国半导体公司，使用初加工的集成电路生产数字显示的电子手表。这个产品还登上了朴正熙总统向外宾显示韩国技术的礼品名单。但是，这家公司很快因为资金不足陷入了经营困境。

此时刚刚 32 岁的李健熙觉得这是一个好机会，于是他向父亲提出收购韩国半导体的建议，却被李秉喆摇头否决了。李健熙并不知道父亲否决的原因，他猜想，也许是父亲没有正确认识到半导体产业的前途，也许是父亲认为即使要进军半导体产业，选择这家公司做进军的桥头堡并不是很合适。

但被父亲否决的李健熙并没有退缩。1974 年 12 月 6 日，李健熙在没有得到父亲的帮助下，用自己的资金收购了韩国半导体 50% 的股份。李秉喆对小儿子自作主张自然是不高兴的，但任由李健熙的钱打水漂自生自灭也不是办法。在李健熙的咬牙坚持下，三年后的 1977 年 12 月，三星集团正式收购了美国 ICII 公司所持有的韩国半导体公司所剩余 50% 的股份，并在不久后将其改名为三星半导体株式会社。

韩国半导体说是半导体工厂，其实只拥有生产三极管芯片的落后设备。为了跨越巨大的技术壁垒，提升产品科技含量，李健熙前往美国硅谷走访了 50 多次，疯狂地引进专注于半导体的人才和技术。他付出了极大的努力和大量的投资，但仍然不断亏损。无奈李健熙找到了美国飞兆公司，要求对方提供相关技术，最终以三星半导体 30% 的股份作为交换条件，得到了对方同意转让技术的承诺。可问题并没有就此解决，三星半导体派到美国当地的工作小组得出了令人恐惧的结论，目前三星的技术水平无法挑战飞兆公司新的 64K、DRAM（动态内存）开发技术。

李健熙闻讯后眼前发黑，他感到非常无助："是这样的吗？办企业就是这样困难吗？"

最后看不下去的李秉喆终于出手了，他觉得不能再对半导体项目置之不理了。他叫来了三星电子负责家电生产的金光昊理事，"你去三星半导体，把业务引上正轨吧。"

于是金光昊将分别位于大方洞和富川的两家工厂合并到了富川，并且在1980年末将三星半导体合并到三星电子的同时，集中力量进攻钟表芯片市场，将全世界钟表芯片市场的占有率提高到了60%，从而使公司顺利实现了盈利。

在这个过程中，金光昊理事撇开了三星半导体社长江津玖，站在了第一线全权指挥。可撇开江津玖就意味着撇开了李健熙，金光昊把三星半导体做得再好，也和李健熙自己的能力无关。这是李健熙一生中首次野心勃勃地去做一项事业，可到了最后还是得让父亲收拾残局。那时李健熙的心情，想必一定是充满了苦涩和无奈吧。

3 重新确立继承人

李孟熙虽然按照父亲的命令去了日本，但毫无疑问他心里对父亲是有怨言的。所以，他在那里连续犯下了违抗父亲的诸多错误。在全世界所有的财阀家庭中，当作为家长的父亲到达一个国家，当时在那里的家庭成员去机场接机是一件理所当然的事情。即使对普通家庭来说，这也是应有的亲情和礼貌。可是，就在李秉喆到达日本的时候，李孟熙却没有去接机，这也是李孟熙第一次公然向父亲举起反叛大旗。

随后，在日本分公司的聚会上，李秉喆以为长子已经在日本分公司上

◆重新确立继承人

班了,就聊了一下,结果心怀怨恨的李孟熙借机发起了脾气和挑衅说:"我是来日本休息的,干吗还要到分公司啊?我没必要到分公司上班。"

这是李孟熙从暂时离开一线转为永远离开三星集团的一次关键性争吵,也是他一生当中最大的命运转折点。如果李孟熙能安安静静地顺从父亲、小心行事,也许一切都会不同的,然而他选择了用逆反心理从正面对抗父亲,并大肆发泄着自己的不满和怒火。尽管如此,他还是相信总有一天父亲会先伸出手对他说:"孟熙啊,过来帮帮忙吧。"然而,很多年过去了,李孟熙没有等来这一天。

1975年春天,李孟熙从日本回国,但是他却没有能做的工作,用今天演艺圈的话来说,他遭到了公司的"雪藏"。李孟熙对此回忆道:"我大概能猜到父亲的意图,他是想降服一遇冲突就会暴跳如雷、性情大变的我,他想杀杀我的威风,让我以后不敢挑战他的权威。"

差不多在同一个时期,李昌熙也从美国回到了韩国。他一回国,就找到李秉喆,诉说自己不是故意违抗父亲的回国禁令,而是为了开创个人的事业才不得已回国的,同时恳求父亲原谅他以前的错误。

李昌熙此时独自一人创建和经营着磁媒韩国公司(后来改名叫世韩媒

体），主要做录音磁带和录像磁带生意，并且每个星期一的早晨，他都会到父亲的办公室问安。就这样过了3年。一天，李秉喆似乎很随意地问他："昌熙啊，你能向所有的社长认错吗？"

看似很唐突的一句话，却表示了李秉喆愿意原谅李昌熙所犯下的过错。于是李昌熙到三星集团各个子公司的社长室认了错，而这些不知缘由的社长们只能呆呆地看着李昌熙。

在这样杀掉李昌熙的气焰之后，李秉喆和李昌熙恢复了比较正常的父子关系，并且从各个方面为昌熙的世韩媒体提供支持。李秉喆有时会把秘书室的职员派到世韩媒体做人才支援，有时会亲自和银行方面打招呼为世韩媒体提供融资，还把自己持有的第一合纤的股份全部交给了昌熙。

毫无疑问，李秉喆对昌熙的所有举动，也是针对孟熙的。

"小子，不要固执了，赶紧像昌熙一样回来低头认个错吧！"

可直到最后，李孟熙都固执己见，不愿意向父亲低头，他断绝了与父亲的一切联系，坚持一个人生活下去。

在这样的情况下，1979年2月27日，李健熙被提升为三星集团副会长，正式宣告了他作为三星继承人的身份。

其实在正式宣告的前几年，李秉喆就已经有所决定了，他曾经在以防意外的遗嘱上这样写道：

"长子孟熙的心思不在于经营上，次子昌熙不喜欢管理很多企业，这是不能被忽略的。三子健熙一开始也推让过，但也有'虽然能力还不够，但可以试试看'的想法。鉴于这些原因，我将三星集团的继承人定为健熙，因此日后的三星将以健熙为中心领导下去，并且希望《中央日报》会长洪璡基支持健熙接班。"

在得到律师顾问的公证之后，李秉喆把遗嘱放进了自己的保险箱中。当时这份遗嘱的可公开部分，就是李秉喆宣布把自己名下的股份和房地产等价值150亿韩元的全部资产分作三份，每份50亿元，其中一份捐献给三星文化财团；一份传给直系子女和有功员工；最后一份中的10亿韩元捐出来建立员工共济会基金，另外40亿韩元暂时由自己保管，以后再做处置。而不公开的部分内容，则是三星集团的下一届会长是谁。

不过在1976年9月，李秉喆被诊断出胃癌去日本东京接受手术的时候，他为了防止万一手术失败而做了最坏的打算，说了一句最重要的话："以后，三星由健熙来领导。"

对此李孟熙回忆了当时自己受到巨大打击的情形：

"我忘不了当时听到那句话时受到的打击，虽然那时候我和父亲的隔阂已经相当大了，但是我仍然相信总有一天三星的大权会属于我。"

虽然李孟熙没有放弃他的三星继承人的梦想，但由于李孟熙依然我行我素，不愿意向父亲低头，李孟熙在继承格局和遗产分配中，已经彻底被排除在外。李秉喆心中的天平也大大偏向于李健熙了。当然，这只是李秉喆在这个时间段所做出的决定，就像他曾经选择李孟熙做接班人一样，他有权随时更改这个决定。对几个儿子的衡量和考验，将一直持续到他离开人世的那一天。

而明确了三星继承人身份的李健熙，在三星集团中还是没有什么存在感，和那位像湖水般宁静、像岩石般坚强的父亲相比，此时的李健熙依然是微不足道的。

在成功做了胃切除手术之后，老国王还是那么稳健、敏捷、严密，他一边指挥和掌控着三星集团的一切，一边继续关注着自己的儿子们……

4 第一次失败

就在李健熙升任三星集团副会长的同一时期，国内外局势发生了剧烈的变化。1978年10月，伊朗爆发了政治示威活动和军事暴动；次年1月，伊朗巴列维王朝覆灭；而在韩国，朴正熙总统于1979年10月26日遇刺身亡。在一片混乱之际，以全斗焕为首的军事集团12月12日发动军事政变，成功夺取了政权。之后，全斗焕操纵国家保卫非常对策委员会，通过8月的统一主体国民议会间接选举当上了第11届总统。

爆发了伊斯兰革命的伊朗全面停止石油出口，国际原油价格飞涨，从每桶13美元瞬间飙升到20美元，世界经济再次陷入了瘫痪。这便是所谓的第二次石油危机。然后接踵而来的两伊战争（1980年9月爆发了伊朗与伊拉克的战争），使得油价又像坐了火箭一样迅速突破了30美元大关。此时沙特阿拉伯也掺和了一把，它公开阐明了石油武器化的言论，油价终于在1981年1月达到了39美元的顶点。全世界的车主们都感觉整个世界都疯了。在这样的紧急情况下，无论哪个国家，得不到石油，就会被淘汰。这也是人们在1973年第一次石油危机中学到的血的教训。

1973年10月第四次中东战争的爆发，在短短的3个月之内，使得原油价格暴涨了4倍。韩国物价上涨率也从1973年的3.5%直线上升到了1974年的24.8%，而经济增长率却由12.3%下降到了7.4%，贸易收支逆差也从24亿美元减少到10亿美元，韩国当时正是产业结构从轻工业调整到能源需求大增的重工业和化工业的关键时期，受此重大打击之下，韩国经济界哀鸿一片，一连两年都没缓过气来。直到1976年，韩国经济才逐渐恢复到正常状态。

1973年的悲惨经历似乎还历历在目,第二次石油危机又拉开了帷幕,于是"珍惜每一滴油"的运动在韩国盛行一时。

在釜山市北区挂法洞国际商社工厂内的南面储油罐旁边,专门设置了一种被称作"集油架"的装置。在这种长3米、宽2米、高1米的木制集油架上面,放置着两个空油桶,珍贵的原油一滴一滴地掉入摆放在空油桶下面的集油桶中。而集油架旁边配备一名工人,每隔一小时更换一次油桶。这家公司从第一次石油危机爆发时就开始展开了这样号召节约能源的运动。用这个工厂的工人自己发明的集油架,来收集用于橡胶合成的催化油,并在短短几个月中成功收集了891升催化油。

在这种迫切情况下,韩国政府和国内企业都全力以赴地抢占能源。对于一个企业来说,确保能源是一件生死攸关的大事。因为如果能源得不到保障,工厂就无法正常运行。而且,如果不能以更低的价格购入能源,就会在价格竞争中落后,三星集团也不例外。

在三星内部负责能源业务的,是海外事业推进委员会,担任这个委员会委员长一职的正是李健熙。当然,最后做主的还是李秉喆。不过石油危机的出现,给李健熙带来了一次出手的机会。

1979年秋天,李健熙参加在墨西哥举行的韩国墨西哥经济合作委员会,并会见了墨西哥的波蒂略总统,请求协助供应原油。接着李健熙又把墨西哥国家石油公司的一把手塞拉诺邀请到韩国请求支援。为了获得原油,李健熙四处奔波,因为他的努力,终于在一年之内将墨西哥石油引进到了韩国。紧接着他又飞到马来西亚,投入到原油贸易的协商中,最终在3个月内获得了马来西亚的原油。

但是,李秉喆交给李健熙和海外事业推进委员会的首要任务其实是收购大韩石油公司。那个时候大韩石油公司还是国营企业,主要是从外国企业海湾石油公司那里得到原油供应，再销售到韩国国内。

海湾石油公司通过收购，占有大韩石油公司的一半股份。对于它来说，大韩石油公司只是一个通过卖石油制造利润的公司而已，没什么特别的，油价越高越好。可对于韩国政府来讲，大韩石油公司是国家经济的核心支柱产业，因此不得不收紧大韩石油公司的经营管理，好控制油价，不让它跟着国际油价一路狂飙猛升。两者之间明显产生了利益分歧。

在连续4个年度的亏损之后，忍无可忍的海湾石油公司把50%的股份换做9300万美元现金之后拔腿走人了。韩国政府经过再三考虑，定下了将大韩石油公司民营化的方针。李秉喆提前掌握了这个消息后，就开始储备原油，为收购它做准备。

1980年11月28日，动力资源部部长朴凤焕在记者招待会上，正式公布成功收购大韩石油公司的是鲜京公司。也就是说，鲜京公司击败了同时参与收购的三星和南方开发。这件事情深深影响了李秉喆此前为三星制订的制造业，特别是重工业发展的计划，进而影响到整个集团的发展。而李健熙受到的冲击远远超过父亲。

要知道，这是李健熙以三星集团副会长的身份负责的第一个大规模事业。虽然他在收购大韩石油公司的最前线鼓足干劲四处奔走，可最终还是失败了。父亲那失望的目光让李健熙感觉如同芒刺在背。

事后，李健熙才得知，这次收购事件中崔钟贤与卢泰愚的关系网起到了决定性作用，他们达成了某种政治黑幕。然而失败就是失败，而且任何企业都一样，三星也不是没有动用过自己的关系网。为了弥补自己的过失，李健熙不得不豁出命去努力干活。他与马来西亚国家石油公司及三星物产等4家公司达成联盟协议，共同开发原油资源，还着手开发美国阿拉斯加的白令河煤田。可第二次石油危机并没有第一次石油危机那么持久，原油价格很快恢复了稳定，李健熙所有全力以赴推进的事业都因原油价格下跌而黯然失色。

在那之后，李健熙很长时间内都没有承担过任何需要决策的事项。当然，这也许是李秉喆保护继承人的方式，同时也是对继承人还不完全相信的信号。接下来，李健熙将面临着更为严酷的磨炼，再次成为一条被鲶鱼追赶的泥鳅。

5 人生如同负重远行

自从收购大韩石油公司失败后，虽然表面上李健熙作为三星集团的副会长，代表父亲李秉喆和三星集团忙碌地出席各种场合和上镜头，半年内他连韩国总统全斗焕都见了三回，可他在三星集团还是没什么存在感。虽然李健熙也想寻找能摆脱上次阴影的机会，但父亲没有给他这个机会。

李健熙也曾从大学和其他企业中物色来了不少各领域的实力派专家，但是三星家族主义者们用排斥和歧视的态度诬陷、排挤这些外来者。结果，李健熙引进的这些人才大部分被迫离开了三星。

1982年8月15日，李健熙在集团高层管理人员参加的特别研讨会上发表了关于"立体思维"的讲话："只有立体思维和技术开发，才是生存之道……在这个80年代将会发生比过去几百年还大的变化。要想在这种环境中生存下来，必须积极地开展技术开发……将来在大企业起到关键作用的人才迫切需要摆脱单纯的平面思考，要培养从多角度观察任何事件和事物的立体思维能力……随着机械化而产生的自动化和集约化，人的精神要更加坚强。如果要想成为企业的高层管理人员，就要发挥以一当五的作用。"

可是李健熙的讲话被三星集团的高管们集体无视了，要想让他们倾听李健熙主张的"立体思维"与"以形象推广为主的战略"，还需要再等11年。也就是说，距离那个日子的到来还很遥远。李健熙不禁感到前途渺茫，灰心丧气的日子也接踵而至。

幸好李健熙还能在学习中找到一点慰藉。一方面获得知识，更重要的是可以得到心灵上的平静。除了读书，他还喜爱另一件事情，那就是汽车。只要有空，李健熙就会驾驶一辆自己心爱的汽车，在马路上驰骋。在汽车的引擎震动和风驰电掣中，他的心情会格外舒畅。

1982年10月末的那天也是如此。那天，李健熙奔驰在良才大路上，突然想起了德川家康的人生座右铭："人生如同负重远行，千万不要着急。"

当年李健熙在日本留学的时候，为了了解日本历史，疯狂地读书、看电影。据李健熙自己回忆，他看了30遍以上德川家康的电影，10遍以上丰臣秀吉的电影，5到6遍织田信长的电影。

这三个人是日本战国后期陆续坐上日本第一把交椅的杰出政治家和军事家。由于实力弱小，德川家康先后向今川义元、织田信长、丰臣秀吉低头称臣。他隐忍了48年厚积薄发，终于在1600年的关原之战中一战获胜，取得了天下。

1603年，德川家康正式建立江户幕府，在无数战国英雄的角逐中笑到了最后。此后德川家的统治一直延续到了1868年明治维新。这265年的历史，在日本称作江户时代。

就在李健熙沉浸于德川隐忍之道的回忆中时，迎面驶来了一辆自卸车，巨大的格栅和车轮瞬间冲到眼前。李健熙虽然踩了刹车，但为时已晚，他的汽车被撞得面目全非，李健熙本人也被弹出了车外。

在这次事故之后，李健熙很长时间没有在公开场合露面。这样一来，各种各样的传闻顿时流传起来。在三星集团继承人问题比较敏感的时候，这些传闻总会莫名而起，而且一大半都和女人有关。

有人说李健熙在洛杉矶有小老婆，也有人说李健熙在跟电梯女郎一起同居。1986年洪璡基去世的时候，甚至有人说是因为李健熙在外面有很多女人，所以洪璡基被女婿活活气死了。还有传言称李健熙有90个私生子女，有流言说李健熙因为交通事故成了植物人，还有人信誓旦旦地说李健熙吸毒。

针对这些在李健熙成为会长之后仍然备受困扰的荒唐传闻，李健熙在1993年回忆道："发生车祸之后，外伤倒没什么，但内伤很严重。因为疼痛难忍，于是打了很多吗啡镇痛剂。这个细节只有三星内部人员才知道。某些人为了某些不可告人的目的，到处造谣中伤，试图动摇我作为继承人的地位。"

他继续说道："就连跟我接触最多的秘书室的组长们，对我这个人也是一知半解的，所以接连传出风言风语也许并不奇怪吧……这都是因为财产问题，我也知道是谁编造了这些传闻。老会长做过两次手术，而我发现传言总是在老会长身体最虚弱的时候出现……除了我妻子，家里其他人和三星内部的人居然也相信这些流言蜚语。自己的会长是什么样的人都不知道，这个公司能办好吗？"

因此，李健熙曾愤怒地在社长团会议上摔掉了眼镜。但外人并不知道他为什么摔掉眼镜，或许他们也不愿意去知道，他们只是乐在其中地把那些流言一传十，十传百。

"听说李健熙很怪异？"

"是啊，很多人说，根本说不到一块儿去。"

"听说交通事故之后就成了精神病患者？"

"反正，是没有能力领导三星集团的人！"

"如果说推进工作的能力，还应该属老大孟熙，性格也很开朗。"

"那得恢复名誉才行啊……"

"我倒觉得,从细致和缜密方面来考虑,还是老二昌熙最适合接班。"

"那倒是,老二头脑最聪明。"

"可是李健熙呢?"

"是不是怎么看都比两个哥哥差呀?"

"就算这样,可老会长还是支持……"

"或许老会长有自己的想法,但是……毕竟是三儿子啊。"

"不管怎么样,一般都应该让长子继承吧?"

当这些话语在人群中传播开来,就说明李秉喆选定的继承人李健熙的地位已经开始动摇。李健熙继承大业的过程中,势必充满着各种阴谋和中伤,激烈的斗争使得痛苦的李健熙几乎不堪重负。

就在这个时候,李秉喆出手了,为了保护自己确立的继承人,李秉喆的矛头直指长子李孟熙。

有一天,趁着李孟熙不在家,一批年轻人声称帮助孟熙搬家,把他的物品全装到卡车上带走了。这样李孟熙就无法在那里继续住下去,只能去大邱再租一间房子住。

但这仅仅只是开始。后来李孟熙遇见了自己中学时期的师弟,这位师弟正好在三星集团下属的高丽医院当医生。在他那里,李孟熙居然听到家人准备让医院开具自己是精神病患者的证明。

对于这件事情,李孟熙本人是这样说的:"听说,家里去釜山找了一个没良心的医生,出了300万韩元的钱,搞到了我是精神病患者的医生证明。并想把我接到首尔去,让我住在位于器兴别墅区的房子里。于是,家里人各自分工,只有我和妻子还蒙在鼓里。这件事情是在龙仁举行的家庭会议上公开谈到的。"

显而易见,这件事情是李秉喆下令做的。在这个家庭里,任何人都不能违抗李秉喆的命令，即使是母亲也同样如此。

经过激烈反抗，李孟熙虽然没有被强制监禁，但作为代价，他不得不辗转奔波于白翎岛、马罗岛、盈德等地。他在盈德为了造房子去银行贷款，父亲居然通知各家银行，拒绝给他贷款。

李秉喆对李孟熙如此的冷酷，并不是出于爱某个儿子和不爱某个儿子，而是为了确保他的事业传承尽量不受到他人的干扰，哪怕是亲生儿子也不行。在这个三星缔造者心中，事业的传承远比亲情更重要。

为了达到这个目的，李秉喆在1986年完成的《湖岩自传》中几乎对长子只字不提，唯一提到李孟熙的内容只有出生日期和结婚对象、结婚日期等极少内容。

最终，李秉喆的意图获得了成功。在2010年李秉喆诞辰100周年的纪念仪式上，李孟熙也没有出现。他独立生活，已经与家族联系甚少，游荡在家族之外了。

6 谦卑与倾听

20世纪80年代初期，李健熙在三星集团副董事长任内成立了三星精密公司。在三星刚开始进军相机产业时，他曾把三星精密公司的总经理叫来，询问对方家里头有几台相机。

当时对方回答，家里只有一台。李健熙立即有所训示："如果你要担任相机公司负责人的话，就必须下苦功，彻底研究世界各种厂牌的照相机。对各个厂牌相机的性能及结构必须要比一般人有更深入的了解与认识才行。"

李健熙也曾在会议当中，突然询问三星数字媒体总经理陈大济："你了解新力的家庭电影院系统吗？"当时家庭电影院设备在全球各地流行，而新力很早就察觉到消费者的心理变化，并领先竞争对手一步于市场中推出家庭电影院。

陈大济没预料到李健熙问这个突如其来的问题，紧张得答不出话。李健熙针对此类情况，再三叮嘱所有人员：必须更及时、更迅速掌握市场的种种趋势与变化，并尽快找出应对之道。

2001年，三星电子的营业收入是32兆3803亿韩元，净利2兆9469亿韩元；而日本最大消费性电子业者新力虽然营业收入相当于75兆7072亿韩元，但净利仅有1528亿韩元。换句话说，新力的盈利仅仅是三星电子的5.18%而已。

当李健熙的秘书向他报告三星电子终于赢过新力、员工十分兴奋的消息时，李健熙却板着脸孔，反应冷淡。李健熙认为，三星的技术仍落后于新力，担忧三星员工会因此就感到自满。

因此，不久后，李健熙就对全集团各部门发布以下五个戒律：第一，不夸耀公司。第二，不接受往来公司的高尔夫球招待活动。第三，不接受毫无理由的奖项。第四，不需要过大的PR活动。第五，聚会时避免过多的言论。这是为了避免员工过于自满，并唤起员工自觉心的指示方针。

李健熙平时也屡屡向公司员工劝诫："危机总是在最骄傲的时候到来。现在之所以无法进步发展，就是因为太过于自信所引发的退步所致。"

据说李健熙上任的第一天，就被叫到李秉喆的房间。李健熙一进入，李秉喆立即拿起毛笔，在纸上挥毫写下"倾听"二字。

倾听，就是仔细聆听别人的言论。李秉喆向李健熙强调身为领导者应该把"聆听"视为金科玉律，并努力奉行。

李健熙曾与某小说家共同议论时事，在将近一个小时的时间里他几乎是一言不发，仔细聆听对方发表的言论。某文化评论家曾以"我说十句话，他才说一句话"来赞叹李健熙倾听的功力。

正因为时刻铭记父亲所教导的"倾听"，李健熙在与集团主管级的会议中，或是听取报告的时候，将大部分时间花在倾听别人说话上。到现在，"努力成为一个好的倾听者"仍是李健熙的一个座右铭。

但是，只要李健熙一开口，他最起码会说上3至4个小时，最高达到将近10小时的纪录。他在开始谈论前，会做好所有验证与准备的工作。包括派遣秘书或抽调本部人员进行相关调查工作；在听取检讨报告后，亲自与各界专家学者见面再度进行讨论；并在正式下达命令前，他会在内心里对自己询问至少六个以上的"为什么"——为什么是这件事？为什么是这个地方？为什么是这个时机点？为什么是由这个人去做？为什么要花这些经费？这样做是为了什么目的？

李健熙的验证与准备就是这样周全。他曾说过："即使是石头搭建成的桥，也要敲敲看是否坚固，才去过这座桥。"他的谨慎在某种程度上，更甚于父亲李秉喆。

7 李健熙与全斗焕

1979年韩国总统朴正熙遇刺后，他生前的亲信保安司令官全斗焕趁机发动"双十二政变"，篡夺了权力，并于次年成为韩国总统，开始了他近8年的独裁生涯。

1987年1月8日，李健熙很平常地陪同儿子李在镕去首尔大学递交了入学申请书。可就在5天之后，首尔大学语言系三年级的学生朴钟哲无辜地离开了人世，他在接受当局的调查时，遭到水刑和电刑的逼供而惨死。

两天后，治安总部部长姜玟昌就此事在记者招待会上声称："朴钟哲被逮捕后，转到了治安总部的反共分部进行审问。当被问到民推委（民主主义推进委员会）的朴钟云的去向时，他突然哦的一声倒在地上，之后在送到医院的途中死亡……据我所知，没有残酷的刑讯逼供。"他的意思大概是调查员"啪"的一拍桌子，朴钟哲就"哦"的一声倒地死掉了。

就像所有的全国其他父亲一样，李健熙对于这件事情的发生感到不寒而栗。他只要一想到自己的儿子也有可能遭到这样的事情，就浑身战栗，同时他对全斗焕军事独裁政权也感到发自心底的厌恶。

李健熙对全斗焕的恶劣印象还能追溯到很久以前。全斗焕从小就和李孟熙关系密切，全斗焕在任军官期间，还从李孟熙那里定期领钱，作为同学聚会的费用。他们之间看起来是那么亲密无间，可就在李昌熙向朴正熙总统送告密信的时候，全斗焕明明先拿到这封信，却没有告诉李孟熙，而是想利用这个文件抓住三星的弱点。如果当时告密信没有交到朴正熙手里，而是由全斗焕转到李孟熙手里，也许就不会发生那次事件，或许三兄弟之间就不会产生这么大的隔阂。

在任三星副会长期间，李健熙和全斗焕见过面，那是由全斗焕主持的国内各大财团领导人的聚会。酒过三巡之后，大家都喝得醉醺醺的。全斗焕点名叫李健熙喝酒。李健熙由于对酒精过敏，喝半杯啤酒身上也会起疹子，因此李健熙在此类场合，一概作喝酒的样子，实际上并不入口。

可能全斗焕不喜欢李健熙这个样子，于是他趁着酒劲开始数落李健熙："李副会长，你这个样子能继承你父亲的事业，执掌三星集团的帅印吗？"

作为李孟熙曾经的密友，全斗焕对三星同样熟悉无比，不可能不知道他们兄弟三人之间争夺三星集团继承人的斗争。被刺到痛处的李健熙无法说什么，只能委屈地笑着。经济界的其他领导人使眼色叫他喝，李健熙没有办法，只好和其他人一起举起了酒杯："干杯！"

但是，李健熙依然是假装喝酒，酒杯放在嘴边只轻轻抿了一下就拿开了，于是全斗焕就再次数落他："喂，李副会长，你这个样子可不行啊。不喝酒的话，干脆以后别参加这种聚会好了。"虽然全斗焕的嘴角挂着一丝微笑，可说话时他的目光冷漠无比。

这种目光李健熙并不陌生，小时候他在日本和韩国受排挤的时候，他已经看得太多太多了，所以他很清楚全斗焕在想什么。

等到大家喝得都差不多了，全斗焕就叫来了乐队伴奏，全斗焕宣布让大家放松放松，尽情歌唱。他首先唱了一支歌曲，众人立刻纷纷鼓掌，赞叹总统的歌声几乎和专业歌手不相上下。谁都知道这是明摆着的应景行为，谁也不会揭穿国王的新衣，扫了全斗焕的兴头。

接着，经济界的领导人们开始轮流上阵献唱，唱歌的顺序则是由全斗焕来决定。李健熙并不喜欢这种气氛，却不能因为自己讨厌就拔腿走人，很显然谁要敢那样做，谁就会在某一天被贴上某种罪行的标签。

全斗焕的目光再次转向了李健熙："现在我们来听听李副会长的歌声吧！"

李健熙推辞道："不好意思，我不会唱歌，所以……"

"是吗？那你喜欢哪个歌手啊？"

"我经常听周炫美的歌，因为她不用假声唱。"

"周炫美的歌，好啊，那我们就来听一听吧！"

"我真的不会唱……"李健熙再次推辞。

"这可不好，太破坏气氛了。"全斗焕因醉酒，脸更加红了起来。他紧锁眉头再次催促："你干吗？叫你唱你就唱，你赶紧唱吧。"全斗焕似乎有些不耐烦了，他的目光里开始涌现出某种凶光。李健熙已经别无选择，他深深感受到了某种羞辱。

李健熙的自尊心在家族中是最强的，这不仅仅因为他是富二代的原因，主要是小时候经历过的孤独和排挤让李健熙有些自卑感。正因为自卑，所以自尊心就格外强烈。

全斗焕虽然是高高在上的铁腕统治者，但李健熙认为，这只是一个无知、肤浅的政治人物。被这样的一个人羞辱，对李健熙来说是无法忍受的，但又不得不忍耐下去。三星如果不想像国际集团和明星集团那样顷刻间化为乌有，就得忍辱负重。

李健熙从小就在忍耐方面很有经验，并且在他受到羞辱之后，李健熙依然认认真真地配合全斗焕政府，要钱出钱，要人出人。然而，每当看着镜子里的自己时，李健熙对全斗焕以及军事独裁的怨恨就更加深刻。

李健熙始终觉得全斗焕是一个无知、肤浅的人，他虽然从来没有直接说出口，却间接地表述过这个意思，并且他的话也刊登在了《朝鲜月刊》杂志上。当然，那已经是全斗焕退位以后的事情了。

8 父亲的背影

李秉喆强调，管理者应担负起培养人才的责任。他说："企业应当竭尽全力培养人才。如果每一个员工都能感受到企业家求贤若渴的愿望与诚意，那么企业的前途将会一片光明。"

"合理追求"是进行技术研发、参与国内外竞争的必备条件。李秉喆的成功之道正是得益于合理化经营。合理追求的精髓在于做任何事都要把握好度，不懈进取。具体来说，就是在追求经营效率最大化的同时，实现企业决策的合理化，摒弃血缘、地缘、学缘等不合理的惯例，创造纯洁无腐败陋习的企业文化。

为了实现企业的合理经营，有必要进行深入的探究，明确企业定位。李秉喆总结道："三星的经营之道在于制订多套方案，进行市场调研，清除弊端。一旦具备了合适的时机、足够的资金、适合的人才和一定的市场，就开展工作。在此之前，首先要深入探讨有没有必要立即开展工作、预计规模如何、国际市场如何、资金来源怎样……考虑好方方面面后，方可开始项目。"

简而言之，三星是在合理经营的原则下运营企业的，而创新精神、道德精神、第一主义、完全主义以及共存共荣五大基本点，构成了三星精神的实践理念。对这一理念的探讨是非常有意义的。

创新精神是探索开拓新事物的精神。创新精神离不开创造性思维、责任感、求知精神和坚毅的意志。李秉喆经商50多年来，不断创新进取，开拓前沿领域，引领时代风潮。50年代的第一制糖和第一毛织，60年代的韩国肥料，70年代的三星电子、三星精工、三星造船、三星石油等，都是顺应时代需求而创办的企业。80年代，三星进军半导体行业，进入了20世纪的尖端领域。

李秉喆一生坚持的创新与求索，成为三星人不可或缺的特质。此外，三星还重视员工教育，以加强员工的责任意识。

"伦理精神"强调的是品行正直、赏罚分明、遵循道义。李秉喆将儒家伦理道德奉为生活的准则，将"三纲五常"、"长幼有序"、"修身、齐家、治国、平天下"等作为他的精神基石，指导他的经营实践。

正如上文提到的，李秉喆对《论语》爱不释手，会见宾客和员工培训时总能脱口说出《论语》中的名言警句。有分析指出，李秉喆推崇《论语》，将儒家伦理思想传达给了三星员工，这才使得三星能够保持韩式家族企业的传统运作模式。

在李秉喆心中，企业不该只顾追求利润，更要积极地维护社会公平正义。企业由员工构成，若想实现企业的正道经营，企业员工必须行为端正。三星把"正直"看作企业的精神，严明赏罚制度，以杜绝投机行为、不正当竞争、违规操作，实现企业与员工共存共荣的正道经营。

共存共荣以相互尊重和相互信任为基础，同事之间、上下级之间、公司与客户之间、技术人员与管理层之间，即三星与社会各相关要素之间，相互尊重，相互信赖，共同繁荣。

共存共荣也是一种追求"相生相和"的精神。与"相克相反"不同，它追求的不是敌对，而是和谐。它倡导良性竞争，以公共利益为重，不与其他利益集团树敌。它对内尊重员工，激发他们的潜力；对外服务消费者和客户，服务股东和国家社会，以赢得信誉。

共存共荣也适用于处理大企业与中小企业的关系，以及劳资关系。李秉喆是大企业的拥护者。他认为大企业固然重要，但并不是说只有大企业重要。大企业有大企业的特点，小企业也有小企业的个性，两者相互补充而又相互牵制。

即使从国民经济的角度看，也有必要实现大企业和中小企业的共存、共荣。大企业和中小企业具有互补性，就像是齿轮与齿轮的关系只有合为一体，才能运转并发挥效力。

针对劳资关系，李秉喆认为："企业要对员工以诚相待，提供优越的福利和退休待遇；职员将公司当成自己的家，尽心尽力地工作。这样就可以实现劳资双方的共存共荣。"

对于未来三星的劳资关系会有怎样的变化，谁都无法预知。就目前而言，三星没有工会，也没有劳资纠纷。

李秉喆认为，劳资纠纷不利于共存共荣，不会给劳资双方带来任何益处，只会阻碍国家的发展。劳资纠纷是对民众不负责任的行为，它会增加不必要的运营费用、资产消耗、人力投入，浪费国家宝贵的资源。因此，李秉喆认为应化解劳资纠纷，促成劳资协作。

李秉喆一生创办了众多公司，为韩国经济的发展做出了重大贡献。此外，他担负起了企业的社会责任，回馈社会，用经营收益资助幼儿教育、文化学术建设、舆论文化建设等公益活动。

1986年5月，李秉喆在持续低烧的感冒之后，左侧肺部也出现了异常迹象，检查结果被诊断为癌症。就在1988年汉城奥运会前夕的1987年11月19日，距离三星集团50周年纪念活动还有三个月之际，意识模糊的李秉喆留下了他庞大的遗产撒手辞世，享年77岁。

第四章
做一个好企业家没那么容易

1 压力山大的新任会长

李秉喆病逝后,三星集团依旧按照他生前规划好的路线行进着。1987年12月1日,李健熙就任三星集团新任会长的典礼正式开始。当天上午十点,三星社长团、全体高层管理人员和员工代表等1000余人参加了新会长的就职典礼。

李健熙在三星物产会长申铉确及全体集团社长陪同下,用颤抖的声音宣读了就职讲稿。紧接着,他从最早进入三星公司的三星重工业社长崔官植手里接过了三星集团的会旗。通过这个象征性的仪式,李健熙正式成为

正式接手三星

1987年在父亲去世后,李健熙正式接手三星。1988年三星建立50年庆典上,李健熙强调集团开始"二次创业",将三星的发展方向定为21世纪世界级超一流企业。

◆李健熙正式接手三星

三星集团的会长。与此同时，在1988年的2月25日，卢泰愚正式就任韩国第13届总统。

就职典礼的一个月后，三星集团又迎来了成立50周年的重大纪念。1988年3月22日，李健熙带着下属公司社长团、管理人员和员工、已退休管理人员以及合作企业代表等13000余人参加了在首尔奥林匹克体育场举行的盛大庆典。

在这里，李健熙通过贺词再次强调了二次创业，又更具体地提出了"世界性的超一流企业"的命题。

然而，李健熙的宣言只作为一种话语停留在了口头上，实际上三星集团并没有任何改变。虽然李健熙已经通过就职典礼继承了三星集团，在法律上成为了三星的主人，但是，50年来三星始终按照李秉喆的意志在运转，即使李健熙已经当上了三星会长，它依然属于离世的李秉喆。三星从上至下，彻彻底底是由李秉喆创建的组织，到处都打上了李秉喆的烙印和风格。

李健熙足足做了9年三星副会长，却从来没有作为一个实质性的最高经营者进行过决策和管理，短时间内他并没有办法建立起自己的经营体系，没有办法用自己的创新理念取得值得瞩目的成绩。面对公司里里外外投来的忧虑和怀疑的目光，李健熙感到了莫大的压力。

在后来1997年出版的随笔集《李健熙随笔》中，李健熙是这样回忆自己当时一片茫然的烦闷心情的：

"1987年就任会长后，我只感到一片茫然……世界经济表现出了增长缓慢的迹象，而国内经济则在繁荣的背后笼罩着一层厚厚的阴影……第二年（1988年）我宣布了二次创业，强调了变化和改革。……但过去了几年，三星也没有发生任何改变。50年来固定下来的体制太坚固了……1992年，从夏天到冬天，我一直受到失眠的煎熬。这样下去，不单是失去一两个领域，整个三星都会垮掉。我的心情非常坏。当时没有哪一天能睡到4小时以上。

我以前胃口一向很好，吃烤肉，吃3个人的份量，才会大呼过瘾。但就在那个时候，我食欲大减，一天连一顿饭都难以下咽。一年中，我的体重顿时减轻了10多公斤。"

而在秘书室和社长团看来，李健熙只不过是一个刚刚继承了老国王遗产且年轻不懂事的太子殿下而已。由于很多年来李健熙从没有参与过决策，也没有骄人的成绩和表现，所以李健熙在这些人眼中毫无威信。

而随着新会长的上任，社长团和其他高管们有不少人因为不安而动摇，他们都在担心自己将会在新的势力平衡过程中出局。这些现行体制的既得利益者因为不安，本能地对于任何变革都表示出了排斥和抗拒。在李健熙继承三星的最初几年，这种围绕变革而进行的斗争无处不在，特别是在实施"海外地区专家制度"时显露无疑。

"海外地区专家制度"是一项员工海外培训计划，于1991年首次在整个集团中实施，最早于1989年在三星物产和三星电子等企业试点，挑选进入公司3年以上、年龄在30多左右的人去国外学习，派遣时间为6个月到1年，从而使该员工成长为熟悉该地区的专家，进而培养出全球化意识，扩大生意网络和人脉信息。

对于这个新生事物，三星内部有不少反对意见，理由是看不到具体成果、费用很高、没机会参与的员工也会不满等等。1993年时，李健熙曾在高管会议上痛斥了当年坚持反对该制度的秘书室和社长团："15年前，我还是副会长的时候，为了三星人的国际化发展曾下令派员工到海外去，但是没有实现。我担任会长以后也一直在说，但还是没有实施下去。后来我发火了，你们才开始实施。会长的话就那么听不进耳朵里去吗？如果员工海外派遣制度在10年前就实施，今天三星的情况会大不相同。"

其实李健熙心里很清楚，这一切都源于父亲留下的阴影，曾经和父亲一起奋斗并创建了三星的元老们，即"秘书室和社长团"。父亲传给儿子的三星集团这个礼物虽好，却严严实实地扣着一把铁锁，要想打开这把锁，就得超越父亲，向世人证明自己的能力。如果打不开这把锁，三星就不可能成为李健熙的三星。

2 洞穴中的猛虎

面对着接任会长引发的困局，李健熙经常陷于苦恼，没有按照规定的时间去公司上班，更多的时候他干脆不去上班，与时刻准时准点上下班、严格按照行程表做事的李秉喆形成鲜明对比。在逝世不久的老会长的衬托下，李健熙很自然地被三星的一些高管和员工所诟病，他们开始批评新会长的这种懒散行为，说："其他财团的会长都很忙碌，相反李会长却只会到国外转悠，连对政府的工作也做不好。"

而在因为车祸变成植物人和一连串与女人有关的流言蜚语之外，还有人说他已经被政府指定为调查对象。该谣言的真相其实是李健熙有一次去海外出差，一个随行秘书因试图带回33万美元的外汇，被美国洛杉矶机场海关逮捕。这件事情在有心人的推动下愈演愈烈。

为了成为三星集团实至名归的会长，李健熙在忍耐和等待的同时仔细准备着战略战术，他需要在已有的体系上挖出一个洞来实现自己的管理，从而把这个点逐步发展扩大成线和面，最后替换成自己的体系。这意味着要夺走既得利益群体在现有的体系中所享受的特权。高管们不可能顺从地放弃这些利益，因为他们知道三星以及李秉喆一家无数的秘密和丑闻，谁也不知道把他们逼急了会发出什么样的威胁和恐吓。唯一可以肯定的是，无论如何他们都不会轻易地放弃他们的特权。

可如果李健熙要做一个真正的会长，就一定得让他们顺从自己的体系或者毫无怨言地退出。如果做不到这一点，他就只能是一个被老迈的家臣们呼来喝去、任人摆布、软弱无力的会长，或者成为他们传播流言中的"植物人、吸毒者、精神病患者、乱搞女人的花花公子"。

从大哥李孟熙的遭遇中，李健熙能够清晰地看到这些后果。稍微温情一些的大哥，就是在这些人的口中变成了性变态者和精神病患者，并惨遭抛弃。没有谁能够保证李健熙不会成为那个样子。以前作为李健熙保护人的父亲和岳父都已经离开了这个世界，他只能靠自己赢得这场艰难的战斗。

该把这场战斗设想成持久战呢，还是速战速决的闪电战？

怎样才能在这场战斗中既获得名分，又能得到实际利益呢？

用什么样的计策才好呢？

应该重点攻击哪一点呢？

用什么武器来攻击呢？

应该让谁当前锋打头阵呢？

笼络敌对阵营里的哪个人才能收到最大的效应呢？

怎么才能揪出看似站在己方实际听命于敌方的潜伏者呢？有没有什么办法可以利用这些人呢？

战斗结束之时，应该怎样处置投降的人呢？

万一战斗失败，如何给自己预备好退路呢？

在这一刻，李健熙无疑是以面对一场战争的心态在进行着各种准备，只有赢得这场战争，他才能成为一个真正的统帅。

李健熙认为，在所有的准备中，旗帜是比什么都重要的武器。而旗帜上的口号，既要简单明了，又要能凸显本质。这个强有力的口号要让我军振奋，要让敌军胆寒，这个口号还要能得到三星人、经济界其他企业以及韩国政府和国民的支持。

为了确定这个被寄予厚望的新口号，李健熙陷入了苦苦沉思。

值得庆幸的是，李健熙拥有同时代企业家中少见的敏锐洞察力。少年时期强迫性的执着和专注以及对各种机械的分解和剖析，使得李健熙进行了"通过质疑事物的外观，来看透外表及其内在的训练"。通过这种训练，李健熙拥有了看穿事物本质的洞察力，并且他本人会经常强调这种洞察力的重要性：

"从原点出发的思维方式在提出划时代的改革方案和对策时能够成为很好的出发点……因此，在日常生活中，这种一切都能看透的思维方式才应该是我们思考的起点。"

随后李健熙把他的洞察力拓展到了把握特定产业的本质，即行业特性上。在李健熙的眼里，百货商店的本质是房地产业，酒店与其说是服务业，倒不如说是设备产业，半导体是时间产业，钟表是时尚产业，家电是组装批量生产业。

有着如此洞察力的李健熙，当然清楚自己正处于过渡期的状态。

所谓过渡期的本质，就是接手三星和掌控三星的区别，就是未完成的变革。一旦变革完成，就不再是过渡期。如果完成变革，就表示李健熙真正掌控了三星，成为名副其实的会长。同时试图阻扰变革的势力会努力让李健熙成为傀儡，并放弃他的变革计划。

对于李健熙来说，要想成为实质上的三星集团会长，变革是理所当然要经历的过程，变革的幅度越大，反抗也就越大，但在变革结束之后，李健熙所建立起来的新体系将会更加牢固。所以，他完全没有理由因既得利益者反对变革而感到不舒服，也没有必要对此感到焦急。

李健熙也明白，要让变革站在自己这边，就必须再扩大变革的影响力，并且更猛烈地摇晃这个变革格局。他必须要踏上变革这个浪潮来发号施令。因为，他变革的目标是超越自己的父亲李秉喆。

想超越父亲，首先就得把父亲的公司变成自己的公司，如果不把父亲建立的这个组织变成自己的组织，就只能远远当一个"不懂事的皇太子"和傀儡会长，只有彻底粉碎和打破父亲的运转程序，李健熙才能展示真正的自我，成长为李健熙，而不仅仅是李秉喆的儿子。

虽然李健熙的会长演说中豪言壮语很多，但在高层干部和底层员工听来只不过是些没有实质内容的口号。仅凭这些中听不中用的口号，是无法让人们意识到目前正处于变革的过渡期的。李健熙的当务之急，就是要让所有人清楚地看到现在的局面就是变革的局面，然后再扩大变革的内容。

那么用什么方法才能最强烈地表达出自己的变革意志呢？

李健熙在所有的方法中，选择了正面攻击。他变革的第一剑便刺向了三星集团权力的核心——会长秘书室，而此时急剧变化的国内外局势也恰好有利于李健熙的变革。

 动荡的政治局势

持续了多年的苏美冷战格局，是从戈尔巴乔夫上台之后开始出现变化的。1985年3月，米哈伊尔·戈尔巴乔夫就任苏共总书记，很快就在苏联展开了改革政策，以惊人的速度把资本主义经济体制引入到了社会主义体制里面，在根本上动摇了社会主义体制。紧接着便是1989年东欧剧变、1990年两德统一、1991年苏联解体。这个世界的剧烈变化简直让人目不暇接。

随着苏联的解体和苏美冷战格局的打破，美国开始单独控制世界政治和经济，于是谋取超额收益的跨国金融资本和正在寻找商品市场、生产基

地的跨国企业等产业资本开始全面推动全球化进程。所谓全球化，就是打破各个国家阻碍资本和商品流动的壁垒，促使资本和商品进行更快更多流动而制定的制度。

作为资本主义阵营一员的韩国，当然无法回避这个全球化浪潮，尤其是90年代韩国金融市场全面开放以后，"全球化——市场开放"的经济论调已经超越了"反共——政治军事同盟"的政治论调。

在过去超过30年的时间里，朴正熙、全斗焕、卢泰愚等军事独裁政府一直积极、严格地操纵着市场，但这种状况随着局势的变化，在国外的自由市场主义者眼里就是"政府的直接管理造就了缺乏有效的市场纪律、效率低下的金融体系和负债比例异常高的企业环境"。也就是说，因为新时代的来临，军事独裁政府已经成为阻碍全球化社会、经济、文化发展的绊脚石。为了实现经济民主化，首先就需要政治民主化。

国外的资本和商品开始源源不断地流入韩国市场，韩国的资本和商品也想抓住这个进军全世界的机会。因为以往由政府主导的经济管理模式同时遭到了企业和工人的反对，所以在结束军事独裁政府统治的历史潮流中，韩国的企业主和工人站到了一起。

这种剧烈的变化既是一种危机，也是一种机遇。三星同其他大企业一样，希望能在这种全球化浪潮中加快步伐行动起来。早在1988年，三星物产就成为首个在社会主义国家设立分公司的韩国企业，为了适应急剧变化的全球政治经济环境，三星在社会主义国家设立了彩色电视机生产基地等，不断扩大市场。

对此李健熙说："三星乃至我国如果不展开出口战略，就无法生存。出口就是全球化，我们不能做单方面的出口，我们也要接受外国的产品，我们也需要国内的全球化，这是生存问题。我国是依赖出口才能生存的国家，要想出口，不开放是不行的。要么彻底开放，要么就像朝鲜那样，我们只能两者选一。只要政府不干涉，企业会自己做得很好。干得好的企业会好下去，干得不好的企业会由银行来处理。"

李健熙的意思是如今的情况变化了，抱着老一套不改变，日子是混不下去的，政府千万别再来教导和指导经济了，企业会自己做得很好，就算做不好，也会由市场来决定生死。因此"你们这些政治家"就赶紧退出吧！

1992年12月17日，美国和加拿大、墨西哥签订了北美自由贸易协定，打破相互之间的贸易壁垒，从而在全球化的画卷上涂上了浓墨重彩的一笔。次日，在韩国举行了第14届总统选举。

在这次选举中，民自党候选人金泳三力压民主党的金大中、统一国民党的郑周永等候选人，当选为总统。这是韩国30多年来第一位平民出身的民选总统。只要金泳三在1993年一上任，李健熙厌恶的军事独裁时代就会终结。

变革正在成为时代的大趋势。只有懂得变革的人，只有能驾驭滚滚变革浪潮的人，才会取得胜利。虽然这个变革还不是走在时代前沿的变革，依然还是跟在时代后面亦步亦趋的变革，但李健熙依然认识到了它的重要性。

后来李健熙在1993年6月宣布"新经营"政策时，在法兰克福会议上曾经说过这样一段话："如果没有时代的变革，我的改革政策就不可能实现。新政府恰好在推进改革，我就是想要搭这个顺风车。"

4 改组秘书室

国内外局势在变革，三星也要变革，李健熙把变革的第一剑，指向了三星集团的权力核心——秘书室。

三星秘书室的历史可以追溯到1959年，是由李秉喆亲手组建成立的，当时只有20多名员工，是三星物产下属的一个普通"课"。但到了70年代，随着三星集团组织规模日益庞大，秘书室也开始了快速扩张。特别是1967年在秘书室下面又增设了集团监事室，从而大大提高了秘书室在集团内的地位和权限。

1978年8月，一个叫苏秉海的年轻人成为了秘书室室长。他在原有的信息搜集、企划、财务、监事、秘书、研修等6个小组的基础上，又增加了信息系统、经营管理、人事、国际金融、推广、电算等小组，把秘书室瞬间扩充到15个组，拥有250多名员工的庞大部门，让秘书室从此成为了三星集团名副其实的战略指挥中心。它在三星的地位，已经类似于一个国家的中央政府。

本来秘书室最重要的功能和任务，是把李秉喆指示的事业方向和准则传达给所有下属公司，并指挥和监督各下属的工作进行；搜集和分析各下属公司和国内外相关信息，整理归纳之后报告给会长李秉喆。李秉喆对整个三星集团的具体管理，都是通过秘书室来完成的。

换句话说，秘书室对李秉喆来说就是三星集团，而苏秉海就是秘书室，因此说苏秉海是李秉喆的分身并不为过。在李秉喆去世、李健熙刚接手三星集团的最初三年，苏秉海几乎就是三星集团的实际管理者。

1989年11月，李健熙在接受某杂志社采访时，谈到了他的一些改革计划："过去，老会长掌握80%的经营权，秘书室占10%，各个下属公司的社长占10%。但以后要改为会长占20%，秘书室占40%，各位社长占40%的方式。"

李健熙的话，听起来大大增加了秘书室的经营权，但实际上在李秉喆时代，老会长的80%经营权是全部委托给秘书室的，所以，秘书室所占的不是10%，而是90%。李健熙的话听起来很美好，但事实的真相就是要把这 90% 的经营权削减到 40%。

1990 年初，李健熙着手将秘书室的 15 个小组缩减为 10 个，大幅削减了秘书室室长的权限，这其实已经暗示了苏秉海秘书室室长将被调离的事实。

作为实质性掌控三星集团的第一步，李健熙削弱了秘书室的经营权限，限制了秘书室对各下属公司的监事权限。他把这些原先由秘书室掌控的经营权限委托给了社长团，强化了所谓的"自律经营"，成功地把秘书室与社长团分离开来，并且减少了各下属公司对失败的负担，让他们敢于去挑战新的事业。

1990 年秋天，李健熙好几次把秘书室的高管叫到他下榻的新罗酒店，严厉批评他们没有正确贯彻自己对自律经营体制的方针政策，暗示秘书室已经成为阻碍自律经营的顽固堡垒。

在 1993 年一系列海外会议上，李健熙对秘书室的评价也很糟糕：

秘书室如同李氏朝鲜的 500 年王朝历史，只会在会长（会长、社长团以及其他高管）之间建造围墙，秘书室制度充分暴露了中央集权制的弊端，三星的社长团会议也因此成了某种御前会议。我不是想责怪老会长，可事实上，秘书室室长在会议前一天就当起了编导。"A 社长准备这个，B 常务准备那个，C 理事，你要这么做"……这就是秘书室统治下的社长团会议景象。如果我要视察工厂，秘书室就会提前指示。"你不要看会长的脸，装作认真干活的样子。你要采取立正姿势"等等……秘书室已经患上了"伪装"病，过去的很多年里一直都这样。

1990 年 12 月，在父亲的三年丧期结束的时候，李健熙拔出了磨砺已久的利剑，宣布将秘书室室长苏秉海调离，改任三星生命的副会长。就在宣布人事变动的同时，李健熙当着所有社长团成员说道："苏室长是三星最大的功臣。"

苏秉海与李健熙同龄，曾是李秉喆最信任的部下，从1978年开始就陪伴在李秉喆身边，被人戏称为李秉喆的分身，在三星内部拥有巨大的权力。李秉喆每年大约有1/3的时间生活在日本，出国期间所有的事务则全部委托给苏秉海处理。由此可见苏秉海在三星集团一人之下万人之上的特殊地位。

苏秉海调任后，继任秘书室室长的人是苏秉海的亲信李秀浣，但仅仅过了一个月，李健熙便辞退了李秀浣，让一位自己信赖的高中学长李洙彬担任秘书室室长，进一步调整了秘书室的人事，将20名秘书室的高管大部分都换成了新人。

从李健熙充分的准备工作来看，暂时任命李秀浣为苏秉海的后任，不久便立刻抛弃的做法并不是单纯的任命失误，而是一个早就计算好的计划，从而安抚了当时受到突然打击的苏秉海。

由于苏秉海掌握着太多三星集团和李秉喆老会长的个人秘密，李健熙对他还是优待有加的。1993年苏秉海还以三星电子美洲总部副会长的职务出席了法兰克福会议，直到2005年苏秉海去世，还担任着三星火灾的顾问头衔。

1997年，李健熙亲手组建了结构调整总部，以取代过去的秘书室，成为三星最重要的决策辅助机构，彻底抹去了李秉喆时代的痕迹。不久后，结构调整总部与会长、总裁团（即社长团）共同组成了一个高层铁三角的组织结构，以保障决策过程的科学性和健康性。他们的目标，是将三星从高度集中的组织模式转变为决策迅速、高度弹性的组织模式，以便更迅速地对市场需求进行有效的影响。

5 李氏父子的"木鸡哲学"

在《庄子》一书的《达生篇》中，记载着这样一个小故事：

在中国周朝的时候，因为周宣王爱好斗鸡，一个叫纪渻子的人，专门负责为周宣王训练斗鸡。

过了10天，周宣王问纪渻子斗鸡是否训练好了，纪渻子回答说还没有，说这只鸡生性狂傲，只会虚张声势，表面看起来气势汹汹的，其实没有什么底气，遇到真正的强者会不堪一击。

又过了10天，周宣王再次询问，纪渻子说还不行，因为它老沉不住气，一听到别的鸡叫唤，就会摆开架势；一看到别的鸡的影子，马上就紧张起来，说明还有好斗的心理。

又过了10天，周宣王忍耐不住，再次去问，但纪渻子说还是不行。因为纪渻子认为这只鸡还是雄纠纠气昂昂的，目光炯炯，气势未消，别的鸡一看到它就会防范戒备。

接着又过10天，纪渻子终于跟周宣王说斗鸡已经训练得差不多了，它看起来有些呆头呆脑，其实是不动声色，就像木头雕刻的鸡一样，说明它已经进入完美的精神境界了。

于是周宣王就把这只鸡放进斗鸡场。别的鸡一看到这只"呆若木鸡"的斗鸡，掉头就逃，根本不敢相斗。

"呆若木鸡"不是真呆，只是看着呆，实际上却有很强的战斗力，貌似木头的斗鸡根本不必出击，就令其他的斗鸡望风而逃。可见，斗鸡的最高境界是"呆若木鸡"。

庄子这则寓言很有趣，同时也表达了深刻的哲理，让人不由得想到古人所说的"大智若愚"、"大巧若拙"、"大勇若怯"。在庄子看来，真正有大智慧的人表现出来的也许是愚钝，真正有高超技巧的人看起来却有些笨拙，真正勇敢的人往往被别人误解为胆怯。但是，如果处于非常境况时，这些人往往能够表现出非同寻常的能力。

李秉喆老会长生前，曾将这个故事中的主角——一只木头雕刻的鸡，挂在房间里时刻告诫着自己，并且他也把这个故事讲给了幼年时的李健熙听。同时他还这样说道："不要多说话，言多必失。不要将表情表露在外面。表情外露，就没有分量。"

而对于父亲的"木鸡哲学"，李健熙有着自己的深刻体会。他在日本留学期间，曾经观看了无数日本战国时代的电影与书籍。自应仁之乱后，日本进入战国乱世，百年战火一日未息，终于在16世纪末，日本战国在织田信长、丰臣秀吉、德川家康三位英雄手中终结。

这三个人在日本被称作"天下人"（掌控天下的人），至今在日本仍然很受欢迎。同样身为"天下人"，他们却又性格迥异。如果说为了建造"日本统一"这所房子，拥有烈火一样性格的织田信长，是为房子选好地点的杰出军事家和战略家，智谋出众的丰臣秀吉则为建造房子打好了地基，而德川家康是在这个地基上建造起房子的人。

在日本有一个小故事，生动地描述他们的性格，如果鸟儿不叫，这三个人会怎么做呢？织田信长，会表示轻松无压力，立刻杀死这只不听话的鸟儿；诡计多端的丰臣秀吉，会千方百计诱使这只鸟儿叫起来；擅长忍耐和等待机会的德川家康，则会一直等到鸟儿鸣叫为止（鸟不鸣，信长杀之；鸟不鸣，秀吉使鸣之；鸟不鸣，家康待鸣之）。

如果要在这三个人里面挑选自己喜欢的人物，应该每个人的选择都会不一样。那么，李健熙会喜欢谁呢？会不会是德川家康呢？在异国他乡的孤独寂寞中，在不可战胜的父亲的阴影下，在两位比自己年长的哥哥面前，李健熙只能选择等待。

在父亲逝世三年之后，李健熙于秘书室战役中顺利拿下了苏秉海，赢得了开门红。看似轻而易举、毫无难度的一纸人事变动，其实是他隐忍数年厚积薄发的结果。努力学习做一只木鸡的李健熙，经过了漫长的等待，终于换来了一举功成。

《湖岩自传》

晚年的李秉喆把自己的一生经历与所思所想，写成了一本《湖岩自传》。他在书中这样写道："在我们社会的一些角落里，有一些人总是戴着某种有色眼镜来看待企业家。即使企业家怀着远大的抱负，带着实业报国的使命开展新的事业，他们也总是在一边斜眼旁观。还有诽谤和批评企业家，说企业家都在满腹贪欲地做着不道德的事情。"

李秉喆这里所说的"斜眼旁观"者，是指那些总疑心三星开展业务是通过房地产投机和偷税漏税等不正当方式来赚钱的人。比如三星集团买入器兴的半导体工厂地块，政府和民众就会认为这是为了投机房地产炒地皮；三星成立文化财团，其他人则认为这是为了偷税。在这样的氛围里，企业家无论做什么，都会遭到他人的误解甚至是恶意抹黑。

企业家之所以还能够生存，李秉喆在自传中写道：

无论是企业家，还是艺术家，在人类追求"无止境的探索"、"无止境的进取"这个方面来说，都是没有任何区别的。无止境的进取，正是人类文明前进的原动力。……如果人类没有进取这种崇高的意志，不要说艺术和企业，就连文明也会遭到毁灭。

李秉喆的意思是，进取精神远比金钱更重要。即使是同为企业家，对金钱本身刻意的追求只能说是丑陋的行为，只有进取这个崇高的意志所产生的行为，才是文明的原动力。

◆李健熙在湖岩艺术馆

这种进取的结果，对于艺术家来说就是艺术作品，对于企业家来说就是钱。换而言之，企业家的积极进取、奋斗不休本身才是最可贵的，钱只是企业家积极进取时获得的衍生物。所以，李秉喆所推崇的企业家精神，正好与熊彼特所推崇的企业家精神不谋而合。

"企业家的作用就是要打破惯性的、一成不变的经济人生的框架，而这需要非凡卓越的创意和热情……最为典型的企业家的动机是——打造个人王国的梦，打造一个超越以往任何时代的王国的梦……是想要证明自己比别人更优秀的决心，是创造与成就的喜悦，或者只是发挥自己的热情和天赋的喜悦。"

根据熊彼特的这段论述，正是企业家的这种动机创造了资本主义。企业家以他们的"无止境的进取"和创新精神，通过"无止境的探索"来推动人类文明社会发展。

正因为如此，不管有多少庸庸碌碌之人对自己这样的卓越之人拥有多大的反感和愤慨，甚至拼命贬低和抹黑自己的业绩，李秉喆还是在他的《湖岩自传》中堂堂正正地说出了下面这番话：

"一个人办企业有很多动机,其中最崇高的一种就是超越金钱欲望的积极进取和创新精神。当这种进取创新的欲望和社会责任感很好地结合在一起的时候,才会发掘出真正意义上的企业家精神。……如果三星的经营状况不好,如果有好几个下属工厂减产和停工,就会使很多个人失去就业机会,这无异于威胁到他们的生计和生存。所以说经营不好就等同于犯罪也不为过。"

看到这里,我们也许可以从某种程度上理解李秉喆的想法,理解他为什么拼命扶持一个儿子而又无所不用其极地打压另一个儿子的原因。李秉喆并不是不爱长子李孟熙,也不是刻意偏心小儿子。相反,他其实只是更加爱惜企业和那种象征着人类文明进步原动力的进取精神而已。

 遗产战争引发的思考

三星集团与日韩财阀、华人财团一样,股权结构复杂。其中,旗舰事业三星电子超过一半的股权由国外机构及个人持有,李健熙、李在镕父子直接持股量不足5%。但通过金字塔与交叉持股,集团各子公司间紧密相连。

交叉持股及复杂的金字塔结构使家族成员在拥有有限股份的情况下,最大程度上控制整个集团。同时,此复杂的结构可在一定程度上规避税收。

三星创办人李秉喆共有8名子女,长子李孟熙曾任三星电子副会长,一度被认为是三星集团接班人。但李秉喆在世时,李孟熙在继承权竞争中败给了弟弟李健熙。李孟熙被"废黜"后在北京"隐居",李健熙成为集团主要继承人,得到了三星集团旗舰子公司——三星电子。

在李秉喆去世前10余年，曾召集子女在日本召开家庭会议，商讨财产分配。最终他决定把核心财产留给幼子李健熙，包括三星电子、三星物产、第一毛纺织。其他子女只获得非核心财产。在这里，值得我们所有人注意的是，李秉喆长子李孟熙在这次财产分配中并未获得任何财产，该他获得的遗产份额全部划归其妻孙福男所有。

从这一安排可以明显看出，李秉喆有意扶持李健熙上位，同时削弱其他子女，特别是长子李孟熙对公司的影响力。

由此可见李秉喆对日后的家族内斗已有一定预见，也采取了种种有效甚至可以说过分的手段，欲通过一名后代的强势地位来维护企业的稳定。当然，其他子女也得到了一定的补偿。

和封建王朝的开国帝王一样，第一代创始人的强势足以维护家族及企业的稳定，而第二代中往往无人可以复制此强势领导地位。在无数历史人物中，李健熙却似乎一心要向唐太宗李世民学习。他虽是"富二代"，却颇具创业者的狂热。

据说，李健熙一旦陷入思考，可长达48小时不睡觉，但一开口发言，便直指问题核心。当他在美国看到三星电子产品被摆放在角落里后，便毅然下定决心改革。"除了老婆孩子，一切都要改变"。

正是李健熙的"疯狂"，成就了今天的三星电子，特别是2010年智能手机及平板电脑普及以后，三星电子的股票收益率也一路上扬。

李氏家族再次引发争斗的导火索是长子李孟熙声称发现李健熙私吞父亲未公布的遗产，要求"分一杯羹"，随之引来二女儿李淑熙加入。虽然长女李仁熙表示"弟妹们争夺父亲遗产让人感到很羞愧"，但其他兄妹立场尚不明确。

李秉喆袒护幼子显而易见，但奇怪的是，居然有一部分遗产以他人名义保存在信托中，而且只有幼子李健熙知悉。李健熙后来将这部分财产归为己有似乎也"顺理成章"。或许，李秉喆早有意将这部分财产传给李健熙，但为了表现得不过分偏袒幼子，因此刻意选择不公开。也许是李秉喆不希望幼子过早得到大额财产，要经过磨炼才能得到完整份额。

另外，李家长孙、李孟熙之子李在贤掌控的CJ集团曾是三星的一部分。1994年，李健熙将三星集团母公司之一的第一制糖公司转交给李在贤。第一制糖后更名为CJ集团。在李在贤的带领下，CJ逐渐从食品公司拓展成为一个大型集团。目前CJ主要涉足四大领域：食品及食品服务、生物制药、媒体娱乐以及零售物流。

然而，随着CJ集团的日益扩张，李在贤却与李健熙嫌隙日深。早在1994年，李健熙的私宅闭路电视系统的摄像头曾对准隔壁李在贤私宅正门。2012年2月底，CJ集团向警方报案，称三星派职员监视李在贤，并试图跟踪。虽然双方否认事件与遗产纠纷有关联，但两家公司的敌对很容易让人联想到如今两个家族分支之间的"交火"。

《华尔街日报》就此事引用一些观察家的观点，认为三星内斗源于创办人忽视儒家传统，传幼不传长。的确，西方企业传承常选择在第二代"民主化"，反观三星的传承是因循传统世袭制度，却反传统的选择幼子而不选嫡长子继承"帝位"，目的是"复制"一个强势的创办人。

而李氏家族斗争的主因则是早前传承过程中过度激烈的竞争，加上创办人先因循传统将长子列为继承人，后又废黜，令其心存芥蒂。继承人之役最终结束后，大家因亲属关系还必须在同一屋檐下生活，彼此的钩心斗角长期延续，怨恨因此越积越深，隐藏的财产曝光后便引发强烈的嫉妒及争斗。

韩国"经济总统"李健熙的能力有目共睹，李孟熙即使对继承权不死心，也只有空想的份。但从未公布的遗产突然暴露，自然勾起了他的旧恨。与其说争产是为钱，不如说是为了出一口被压抑多年的恶气。

三星李氏家族的斗争教训，让人们体会到，创办人经慎重考虑后即使可以剥夺某子女的继承权，但不可以剥夺其知情权。接班人选拔应有公开透明的机制规则，鼓励良性竞争，对退下的家族成员补偿并安排出路，否则将埋下日后争斗的种子。

另外，接班人选拔不宜操之过急，必须让他们由最谦卑的低位做起，充分考察所有可能继承人后再做决定。变换家族继承人，无论长幼，都可能埋下后患。

三星李氏家族的传承经验，也让人们体会到传承规划应考虑家族治理。若家族成员关系淡薄，传承规划的原则是"分"。有优良的家族治理，传承才有朝"合"的方向规划的条件。另外应考虑家族人员结构与家族成员继承家业的能力及兴趣。

其一，若家族关系和谐，家族治理优良且多名家族成员有经营能力与兴趣，可集中股权，但保持股权转移的可能性，由多名家族成员共同经营。如拥有"家族宪法"的李锦记李氏家族，便是按此方向规划。

其二，若家族仅一人甚至无人有能力经营，且家族治理优良，则可集中资产与股权，如成立家族信托，分开经营权与所有权，让有能力经营的家族成员或职业经理人管理企业，不参与管理的家族成员作为信托受益人。但须注意信托治理，并保持日后解除信托转移股权的弹性，以便应对未来家族与环境的变化。例如，美国的奥克斯家族以有解散年限且规范受益人投票权的家族信托长期拥有并经营《纽约时报》达120年之久。

其三，若多名家族成员有经营能力，但家族治理一般，则传承规划宜保留日后分配资产与股权的弹性。三星就是一例。另外如香港郑裕彤家族近日将周大福上市，集团形成新世界与周大福两大上市板块，众多家族成员分别参与其中一板块的经营或持有股权。

其四，若家族有一人能力出众，但家族治理乏弱，则可将企业控股股权交由此成员并由其经营家业，其他成员分配企业外的财产，或仅分配少数企业股权。这也是中小型企业或第一次传承的企业中较常见的模式。

  三星集团可以呼风唤雨，但是，在家业传承这件事上，三星却和绝大多数的东亚家族企业一样，难逃家族斗争的豪门恩怨魔咒。

第五章
新时代的大幕拉开了

1 真相总是血淋淋的

自出任三星集团会长以来，李健熙总是忧心忡忡，为公司的发展前途而深感不安，甚至失眠、夜不能寐。当他跟别人谈到自己的忧虑时，别人都感觉小题大做了，大家都认为三星已经做得很好了。

经过5年的考察和研究，李健熙对三星这样总结：三星电子像癌症后期的病人一样萎靡不振，三星重工跟营养失调的患者一样苍白无力，三星建设如糖尿病人一样无精打采，三星化工如先天残疾一样不完善，三星物产就更不用说了。李健熙觉得，再不进行改革，三星将无药可治。之所以产生这样的想法，李健熙的一次海外考察起着不可磨灭的作用。

1993年2月，李健熙带着各个分公司社长抵达美国洛杉矶。他们一起考察

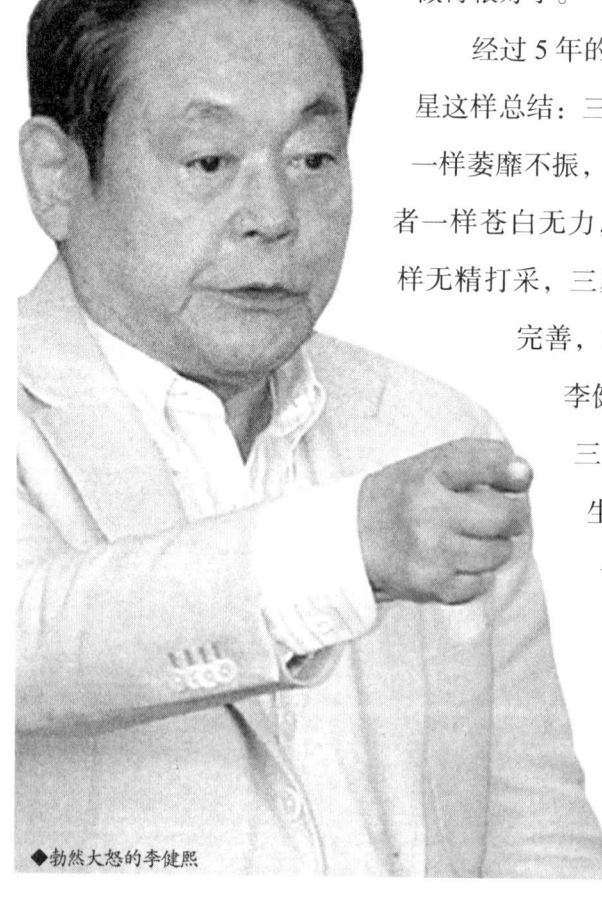

◆勃然大怒的李健熙

了洛杉矶的家电卖场。660多平方米的大厅中，摆满了世界著名厂商制造的摄像机、电视机、冰箱、洗衣机、磁带录像机、微波炉等产品，产品种类多达78种。李健熙看到，这里到处都是世界一流的品牌商品，如美国通用电气、惠而浦，荷兰的飞利浦，日本的索尼、东芝等。这些世界品牌的电器拥有一流的设计和产品性能，在卖场上人气颇高。

在这里，很容易就比较出产品的设计和性能，但是，三星的产品给人的第一印象就是低端、便宜。当时，在美国，三星产品只在折扣店低价销售，而顶级的高端百货店干脆就不出售。这个家电卖场倒是有三星的产品，但是，令李健熙失望和震惊的是，三星的产品被随便置于某个冷冷清清的角落，上面堆满了厚厚的灰尘。这可是韩国市场上的高端产品啊，在国际市场中竟然遭受如此下贱的待遇。多么沉重的打击！李健熙脸上挂满了失落和心痛的表情。

当场，李健熙买了几个三星产品，拆开后发现，三星的产品零部件比别的品牌产品多，价格却便宜不少。这意味着，三星花的成本比别人高，卖的价钱却比别人低。

为此，从2月18日起，李健熙用了4天的时间，在洛杉矶世纪广场酒店，召开了"洛杉矶会议"，就产品设计和质量，对比国际主要电子产品，对三星的产品进行评价。

一位高级管理人员向李健熙汇报三星产品在美国的经营情况时说："1992年三星电子出口业绩不佳的原因，并不能全部归咎于三星美洲电子，其他分公司也应承担一定责任……"话音未落，李健熙愤怒地打断了他的话："请你立刻收拾好，给我出去！三星不喜欢推卸责任的人！"

不仅如此，李健熙还斥责了其他高级管理人员："美国是世界上最大的市场，美国市场的成败决定我们的生存。你们看看现在的状况，我们的产品在美国蒙上了灰尘，这样做，三星还能生存吗？现在不是在研究怎么好好经营，而是到了三星的生死关头。我们在这里，可以清楚地看到自家产品与先进产品有着多大的差距。抛弃二流吧，三星不成为世界第一，就不能生存下来。"

1993年7月，在东京会议中，李健熙发言时就这个问题说道："我们三星明显只有二流水准，简直太不像话了，为什么需要售后服务呢？为什么不将产品制造到不会发生问题呢？""员工制造出不良的产品，也不会觉得丢脸或者生气。""我们应该如何以最便宜、最快捷的方法做出最好的产品，才是关键所在。"

在日本东京，李健熙问日本员工："各位，听说你们做事情都力求完美，为什么韩国三星的东京仓库里有那么多堆积如山的退回来的洗衣机、彩电、微波炉呢？是不是你们有两条标准，为日本老板做事就非常完美，为三星就不这样做呢？"

日本员工代表答道："其实不是这样的，韩国三星拼命打电话过来催，说快一点、快一点、尽量快一点，催促我们多生产产品，去抢占市场份额，我们就顾不到品质了。所以今天仓库里面有这么多堆积如山的东西卖不掉，就是这个原因造成的。那些洗衣机、电视机、微波炉，我们也想做好一点，但生产速度太快，就来不及顾及质量了啊！"

李健熙终于知道了三星造不出好产品的原因："过去的事都是我们的错，那么就到今天为止，不要再追究了。各位员工，你们可不可以从明天开始，哪怕是只做一台洗衣机、一台电冰箱、一台微波炉，都把它做好。哪怕是只做一台！"

1993年是三星公司十分重要的一年，在这一年，李健熙开始推动"二次创业"的第二阶段，挑战本公司员工认为"三星就是二流"的错觉。

从此以后，三星公司精益求精，努力将最好的产品送到消费者手中。三星彻底废止了当时"以数量为中心"的理念，强调以质量和创新为核心的思想。

 "除了老婆孩子,其他都要改变"

赴洛杉矶考察时,现任三星集团副会长、中国总部会长李亨道在当时是作为三星电子半导体部门副社长随李健熙一同前往美国的。对于那天的情景,李亨道记忆犹新。他回忆道:"我们去了很多电子卖场和大百货商店,看到三星的电子产品被放在不起眼的角落,无人问津,落满灰尘。而索尼的产品摆在很显眼的位置,买的人也多。国际市场把三星产品视为三流货,这给了我们三星的领导层强烈的刺激。"

当时,李健熙真的焦急万分,他问自己:"我们离新世纪只有7年的

◆ "除了老婆孩子,其他都要改变"

时间了,世纪之交将会使世界发生多少变革?走向 21 世纪的三星将如何立足于世界?"

在结束了这次美国之行后,李健熙立刻决定,一定要对三星进行彻底的改革。在他眼中,三星不经历天翻地覆的变革,是不会走向国际的。他一口气写成了《三星新经营》一书,并将这本书作为三星公司未来发展的指南。开篇,他提出"变化先从我做起"的口号,并将此作为三星的企业哲学和奋斗精神:以人才和技术为基础、创造最佳产品和服务、为人类社会做出贡献、积极投身于消费者中间、认识并且迎接来自全球的挑战、为全人类创造更加美好的未来。

这是非常完美的设想,可是,如何才能脚踏实地实现这个设想?面对这样一个改革大工程,哪个地方才是切入口?李健熙一针见血地指出:"这是一个国际化的时代,一个全球一体化时代,产品质量才是企业竞争力的核心,品质直接关系到企业的存亡。三万个人制造产品,六千个人进行售后服务,这样的企业拿什么和国际一流的企业竞争?有质量问题一定要找到原因,并努力解决问题,要让我们的产品质量成为世界一流的。就算是要把生产线停下来,就算是减小我们的市场份额,也一定要把质量提上去。"

李健熙先后同三星 1800 多名中高层管理人员就改革创新召开专题研讨大会。1993 年 6 月 7 日,李健熙在德国法兰克福提出了"新经营"宣言,以破釜沉舟的气势吹响了"新经营"的号角。"新经营"理念中,李健熙强调,质量管理和改革创新是企业进步的核心。

对三星员工来说,"新经营"是一次重大的冲击,在东方传统比较盛行的韩国社会,此举遭遇了很大的阻力。很多人心存疑惑:"质量搞好了,生产数量下降了咋办?"有些高级管理人员甚至跑到李健熙办公室说,改革要渐进,不能太激进。很多昔日同生共死的员工也明确表态:不支持改革。改还是不改?双方僵持不下。改革心意已定的李健熙自然不同意那些人的看法,在李健熙看来,这并不是改不改的问题,而是改革还是死的问题。不改革,三星只有死路一条。最终,李健熙不得不以大举撤换的行为昭示出来,把这些传统又顽固的家伙统统换掉了,并乘机撼动了三星论资排辈的旧有风气。

"除了老婆孩子,其他都要改变。"这句话深刻地表明了李健熙改革的决心和力度,在韩国引起了很大的轰动。事实证明,改革是时代的选择,这段时期成了三星走向国际、成为知名跨国公司的转折点。

通过"新经营",三星走向了以质量取胜的发展道路,并创造了活力四射的企业文化。1997年,在亚洲金融危机中,大宇、起亚等与三星实力相当的企业先后倒闭,只有身强体健的三星活得好好的,走过了难关,并在国际市场上脱颖而出。很显然,三星的改革很成功,"新经营"功不可没。

在"新经营"改革的推动下,十年弹指一挥间,三星公司成了韩国第一大企业集团、国际化的跨国企业。三星集团旗下有3家公司进入世界500强企业,年营业额增长了3.4倍,利润增长了28倍。2002年,三星出口商品价值共计312亿美元,营业额为1190亿美元。在2002年世界经济不景气的状况下,三星电子名列全球IT企业纯利润第二,同时高居世界IT业百强榜首。

如今,在繁华的纽约时代广场上,三星的大型广告在夜空中闪耀着。在美国举办的"国际电子博览会"上,阵容强大的三星展台上,众多最新潮的电子产品与各国一流产品一争高下。三星在海外近70个国家和地区的300多个生产企业中的17.4万员工,以"新经营"理念推动企业登上了世界经济的大舞台。

李道亨会长谈到在三星30年的经历时说:"'新经营'引起的变化,比三星前五十年发生的总的变化还要大。这一变化体现在各个方面,人、产品、道德、制度和思维方式,使全体员工在思想意识上有一个彻底的变革。

我们打破了部门主义,在公司内部树立'世界一流'的目标。每个人经常问自己:你为消费者满意方面做了哪些改变?"

下一个10年,三星将会是什么样子?李健熙与三星旗下各子公司的CEO在韩国新罗饭店会聚一堂,共同庆祝"新经营"企业管理哲学诞生10周年。纪念会上,李健熙又为集团发展描绘了新蓝图:"2010年营业额要达到2247亿美元,将三星的品牌价值从2002年的83亿美元提升至700亿美元,从世界排名第34位升为排名第一位;世界市场占有率首位产品从19种发展到50种。三星的长期目标是要成为'世界上最受尊敬的企业'之一。"

三星人自豪地说:"比尔·盖茨用他的智慧为社会创造了财富;李健熙会长用他的'新经营'思想,为社会创造了一笔巨大的精神财富。"

但是,李健熙并没有骄傲,他永远居安思危、警钟长鸣。"做到一次的变化不难,但贵在坚持。我们每天都要坚持进行一点一滴的变化。绝对不能回头。如果你不能改变自己,你也就不能改变任何事情。这一切都不可能在一夜之间发生。请务必牢记:坚定的意志是成功的关键。"

3 变革的第一步

1997年,亚洲金融危机爆发,170亿美元债务的三星公司濒临破产,标有samsung的产品一度被定义为便宜货。在很多人看来,三星公司起死回生的转折点是在金融危机之后,跟韩国政府的全力维持有着密切的关系。危机之时,三星大刀阔斧地进行了全面的改革。它之所以没有像SK、现代一样深陷泥潭,逃过种种劫难,还要从李健熙45岁那年说起。

改变韩国的工作制

李健熙对于韩国的影响更是现代历史上鲜有的特例。比如他自1993年开始领导三星"第二次创业"后,三星便实行每天7点上班4点下班的新工作制,一下改变了整个韩国的日常作息时间安排,而在2003年他又率先推行了5天工作制,此举亦成为韩国人的新习惯。

◆第二次创业

第五章 新时代的大幕拉开了

1987年,三星创始人李秉喆逝世,其三儿子李健熙继承了三星公司,开始接掌权杖。当时,三星公司是非常典型的韩式大企业,"从卫生纸到航天飞机"无不生产。但是,李健熙总是心事重重,因为他知道,跟国际知名品牌相比,三星产品的质量、技术含量并不理想。

于是,李健熙率领员工进行"二次创业",改革的核心在以三星电子为主导,将三星变革为一家知识密集型公司,并在半导体业中获得一席之地。经过各方面的深思熟虑,李健熙准备进军手机制造业。那时候,虽然还没有真正意义上的手机市场,但是,全球潜在的手机市场很大。李健熙前瞻性的目光不得不让人佩服。很多人认为,三星之所以成为手机市场的赢家,在市场起步之初便遥遥领先,主要受惠于李健熙先知般的眼光和正确的决策。七年后,三星自主研发出了手机产品。

在很多人看来,三星公司的另一个重要的转折点是"福田报告事件"。因为这次事件,使得三星在人才方式上也进行了改革。李健熙一直坚持这样的观念:"集合十名围棋一级棋手的力量,也无法战胜一名围棋一段的高手。"可以看出,李健熙十分看重才能卓越的人。为了获得具有国际竞争力的人才,李健熙常常去日本和美国挖掘和高薪招聘人才。

1990年初,日本设计专家福田被聘入三星公司,作为技术顾问。但是,福田的意见总是与很多思维传统的高级管理人员不同,所以得不到重用。这种形式化的人才策略让福田十分不满,他选择离开了三星公司。临走前,个性耿直的福田写了一份批判书。正好,这份批判书被李健熙偶然看到了。丢掉了辛苦挖掘来的人才,李健熙很愤怒,他处罚了没有知人善任的管理部门和人员,并努力改革三星公司的用人方式。现在,三星的人才策略已在国际上被认可,并深受赞誉。甚至连IBM Think-Pad的设计师Tom Hardy都被招入三星麾下。

李健熙推出的"新经营"改革,取得了重大的成功。除了老婆孩子,其他都要改变。这一变革在1997年金融危机时被进一步强化:仅三星电子就将员工从58000人裁为42000人,将次要业务外包,精简了近20个业务种类。三星集团还将汽车等与核心竞争力无关的产业放弃,专攻有竞争优势的类别,形成了以电子、金融、化工、机械为主的新型发展构架。

很多三星员工都深深地体会到,金融危机不仅仅是危险,更是机遇,所有员工的危机感比过去提高了不少。三星一系列变革,使它在经济危机面前没有倒下去,反而愈加健康,目标更加明确。

 "法兰克福宣言"

三星人力资源发展中心的正式名称是Changjo Kwan,翻译过来的意思就是"创意学院"。这里建筑结构宏大，带有传统的韩国屋顶设计，周边环境类似公园风格。在一处带顶回廊里可以见到一幅刻在石片上的地图，上面将地球分成两部分：一部分是三星已开展业务的国家，地图上这些国家都亮着蓝灯；另一部分是三星将开展业务的国家，以红灯表示。现在，这幅地图大部分被蓝灯覆盖。

大厅里，有用韩、英两种文字镌刻的标语："我们将把我们的人才和技术奉献于创造杰出产品和服务的事业，以此为构筑更美好的全球大家庭做贡献。"还有一幅英文标语写着："加油！加油！加油！"

每年，会有超过五万名员工在创意学院及其姊妹机构接受培训。尽管每次培训时间有长有短，但内容都是有关三星的方方面面：他们在这里学习"3P"原则（产品、流程和人）；他们学习公司拓展新市场所需的"全球管理技能"；有些员工还会通过练习一起制作韩式泡菜来学习团队合作和韩国文化。

他们会根据年资被分配在不同楼层的单人或公共课室，楼层则是以不同的艺术家来命名并选择主题的。比如，在根据比利时超现实主义画家马格利特命名的楼层，地毯上有云彩图案，天花板上倒垂着台灯。一处走廊的扬声器播放着一位男子讲韩语的录音。

一位三星员工介绍说："这是董事长几年前的讲话。"她指的是三星电子董事长李健熙。虽然李健熙一贯低调，但在三星内部他几乎无处不在。

除了创意学院走廊里播放的讲话录音，实际上，三星的内部规章和外部战略——从电视机应如何设计到公司的"危机永恒"哲学——统统是根据这位董事长的学说编撰和制定的。

自从李健熙1987年接掌公司以来，到2012年三星销售额增长了57.75%，达1410亿美元。以此收入衡量，三星当属全球最大的电子企业。不过尽管业务触角已遍布全球，但三星的形象仍不明朗。

人人都知道乔布斯与苹果公司或是盛田昭夫与索尼公司的故事，但如果谈到三星和李健熙，你会想到什么？有人或许会提起韩国政府对本土大企业的支持以及资金渠道的支持，但在三星内部，这还要从李健熙和"法兰克福厅"说起。

从表面上看，法兰克福厅可谓其貌不扬：20世纪90年代初的经典装饰风格，一张大桌子中央摆放着一束假花。但是，法兰克福厅在创意学院的地位，就像克雷芒礼拜堂之于圣彼得大教堂，可谓精华中的精华。这里不许拍照，人们在里面会轻声低语。实际上，它是严格按照德国一家酒店的一间普通会议室复制的。

1993年6月，就是在那间会议室里，李健熙召开了1800名管理人员列席的海外会议，会议的议题就是宣布三星要发动变革运动，确定了三星的转型计划，使当时还只是一家二流电视机生产商的三星成为全球最大规模、最具实力的电子制造商。这就是三星历史上著名的法兰克福宣言。

法兰克福宣言的内容被称为"新管理"，其诸多原则被整理成一本200页的书分发给每位三星员工。

后来，针对这本书，公司又专门编辑了一本词汇手册。公司还为教育程度不高的员工专门制作了卡通版。李健熙随后走遍世界各地，到三星帝国的各个角落传播他的教义。

"他做了很多场演说。"Shin回忆说，"合计有350个小时。我们记录了那些讲话内容，有8500页之多。"

鉴于法兰克福宣言的重要性，三星把神圣的"法兰克福厅"设在了龙仁人力资源发展中心"新管理厅"的对面。

参观导览里充满自豪地指出，这里的每一件物品，从椅子、桌布到那幅威尼斯油画，都是当年李健熙发表宣言时所在凯宾斯基酒店房间的原物。三星将房内所有家具运回韩国，严格按原貌复制了那个房间。

5 "新经营理念"

当时,李健熙提出了三星要进行"新经营"的理念,他提出要成为世界一流企业,在那无限竞争的国际环境下,三星要从大量生产转为以质为主的经营。因为当时以追求量为主的企业文化在三星内部非常普及,为改变这种观念,他提出一句非常有名的口号:除了老婆和孩子,其他都要改变。当时这句话一度在韩国非常流行。

为了使李健熙新经营的理念得到进一步的落实,当时三星把许多被认为有质量问题的产品——电视机、冰箱、手机都堆到一个操场上,点火焚烧,并让三星的职员亲自目睹。通过这一系列的活动,使追求第一品质的理念在三星内部变得深入人心。

此外,三星"一等"主义战略之所以取得成功,还有一个非常明智的决策,就是选择集中的战略。所谓选择集中,是指当企业不可能在所有的领域都取得世界第一位时,就要充分考虑到自己企业的实力,选出能在世界上夺取第一的领域进行集中投资。

◆第二次创业时的李健熙

◆ 改革前的三星电视机生产线

李健熙把世界上的投资领域分为三个部分，一个是现代企业做得非常出色的某些领域，他将其归为"果树事业"，即可以获得成果的事业领域。对于这一领域的投资，一定要加强。第二个是在五年之内有可能给公司创造利润的领域，李健熙将其划归为"苗圃事业"。它虽然是"小树木"，但若能在1—5年之内结出"果"来，那么，它就一定能为企业创造出巨额的利润。第三个是在5年至10年之后，能给公司创造利润的，李健熙将其划归为"种子事业"，在这一领域的投资，也是至关重要的。

李健熙经常以喜爱的高尔夫运动做比，他认为："抽球打出180码的人，有教练的指点，很容易就能打到200码。认真练习的话，也可以打到220码。但是，想要打到250码以上的话，从握杆的方式到站姿等等，都得全部修正。"所以，在上述三个领域，李健熙的投资计划一向细致入微，而任何一个微小细节的提升，都以全方位的深度变革为根本。转眼15年过去了，在李健熙的改革下，三星的销售总额和资产规模分别增长了9.4倍和7.8倍——

或许这应该被视为一项奇迹,由无数小奇迹构成的奇迹。譬如:为与索尼的数码产品抢夺市场,三星要求其笔记本必须比索尼产品薄一公分等看起来"不可能的任务",都在李健熙的改革下得到了实现。

6 轻装上阵的骑士

从1993年2月的洛杉矶会议,到6月的法兰克福会议,再到8月的福冈会议,李健熙在这一系列海外会议上,平均每天开会或演讲8小时,有时一天工作16个小时,演讲时间总共长达250小时。

三星的海外会议不但给三星的高管、职员,还给民众和媒体带来了很大冲击。随着三星海外会议的持续,媒体和民众的关注热点全部集中到了三星。

李健熙在6月7日发表法兰克福宣言并高举"新经营理念"大旗之后,韩国媒体几乎天天都在报道这个新经营方针,"李健熙症候群"的新潮语也开始流行起来。在金泳三总统的文人政府积极推动改革的时候,三星是第一个紧跟改革潮流并付诸行动的韩国大企业。

三星把李健熙在海外会议上做过的演讲和讨论内容在全国的工作场所反复播放,还通过报纸和电视介绍给了普通民众。在电视屏幕上,李健熙一会儿抽烟,一会儿用湿纸巾擦手,一边呼喊"除了老婆孩子,其他都要改变,只有这样才能生存"的样子给韩国民众留下了深刻印象,甚至令人感到一阵冲击。

之前伴随李健熙多年的各种谣言,如精神病患难、吸毒者等负面传闻顿时消失殆尽,他的改革决心震撼了被挤压在军事独裁时期已经麻木的社会各个阶层。

此时经济界的其他企业也积极跟进,韩华集团于1993年去德国法兰克福召开了两天一夜的社长团会议,青邱集团于7月初派出了29名社长和高管到日本查看了施工工地。甚至当时的执政党——民自党也开始学习三星的新经营哲学。1994年1月24日,民自党将事务处的392名执勤人员送进了位于龙仁的三星人力开发院,进行三天两夜的日程培训。

在接下来的2月份和3月份,教育部、内务部、财务部、首尔市、总务处、警察厅等政府机关的高层公务员也排着队来找三星的培训教育机构,李健熙第一次获得了韩国从上而下的全力支持和认可。

紧接着李健熙在1993年6月9日召开的社长团会议上发表了《果断的改革措施》的整顿方案,将第一制糖等10家下属公司分离或出售,并将第一毛纺合并到了三星物产当中。三星对此次整顿的官方解释是,这是1991年11月实施的新世界百货商店和全州制纸分离的第二阶段措施,体现了按照产业结构尖端化的战略将集团事业发展方向集中到21世纪尖端高附加值产业的信念。

但事实上,第一制糖转移给了李孟熙的长子李在贤;李健熙已故二哥李昌熙持有第一合纤的股份更多一些;就算是很早就说要分离的《中央日报》,也是李健熙的小舅子——中央日报社社长洪锡炫一家持有50%的股份。这只不过是把本来就应该脱离的东西脱离出去了而已,至于其他的分离公司,其实也多是没有或者业务很少的公司,还有一些难以进行整顿的合作公司。

李健熙之所以分离它们,不过是为了好轻装上阵,更方便地打造出一个人的王国,更快捷地构建"李健熙经营体系"。这次的改革实质,本来就是为了完成以李健熙为中心的经营体系,而不是重新分配三星集团内的资源。

作为打造个人王国的一个重要环节，三星还以高管为对象开设了"21世纪最高经营者课程"，将首批50名高管送进了龙仁的集团研修院学习了6个月。

这个课程的书面理由是为了让高管以及最高经营层走向国际化而扩大眼界，用6个月的时间脱离生产，接受国内外相关培训。可自从这些人进入培训的那一刻起，他们便失去了原来的职务，另外一些职务较低的理事占据了他们的位置，这是一种变相的高管大清洗。虽然三星告诉他们培训结束之后会被聘用为社长助理，但是谁也没有相信这句话。总之，通知参加这项培训课程等同于鼓励他们离开。首批送入的50人，只有42人修完了课程，这表示有8名高管自行离开了三星。

包括首批50人在内，共有193人分六批参加了这个计划，培训时间也从一开始的6个月增加到了第五批的1年。期间有很多人选择了离开，当然也有极少数人在完成这次培训后重新担起了重任。另外，离开了秘书室的苏秉海虽然被大家认为在两年的培训结束后会选择离开三星，但他还是留了下来，并参加了1993年6月份的法兰克福会议，默默听取了李健熙对三星旧体制的严厉批评。

打造自己的王朝

"为了更加系统地实践新经营方针，需要再次改组秘书室，并且（在秘书室旗下）加设新经营实践事务局。同时为了让最高经营层积极参与集团经营的决策，设置由社长团组成的集团运营委员会。"

李健熙把秘书室的11个小组再次缩减合并为8个小组，其中的5个经营小组缩减为2个小组，人员精简为100人，并且使秘书室的人员结构年轻化，各组的负责高管也从原来的专务级别大幅提升为具有全球化意识的理事级。

秘书室另一个最重要的变化是三星综合建设社长玄明官替换掉了秘书室室长李洙彬。当李健熙指责李洙彬那么强调品质为主的经营，却为什么没有按照自己的话去做的时候，李洙彬是这样回答的："要想填满公司的生产容量，就不能

◆李健熙

忽略数量，但就算这样，现在我们已经把质量和数量的比例提高到了50比50了，明年会把质量的比重增加到60%。"

这种所谓的"质量论争"当然无法让李健熙满意，于是他把李洙彬调离了秘书室。这是一个能坚持自己意见的人才，但他已经不再适合领导最高指挥部兼集团心脏的秘书室了。李健熙经过再三考虑，决定对李洙彬另行任用。

当玄明官独自面对李健熙，听到自己将担任秘书室室长时，不禁吓了一跳。玄明官这样惊讶自然是有原因的，他并不是通过公开招聘进三星的，所以在三星集团没有基础。他也没有担任过类似三星电子、三星生命等主要下属公司的社长。原先在检察院工作的玄明官，是在1978年作为全州制纸的管理部长进入三星的。鉴于三星集团喜欢论资排辈、排斥外来者的

不良习惯,玄明官并没有立刻接受李健熙的建议,他很清楚,如果自己无缘无故爬上这棵树,就会有人在下面无情地晃动这棵树。

可是李健熙向玄明官再三明确了自己会积极支持他的态度,所以玄明官还是接过了这副重担。李健熙之所以选择玄明官,正是看中他出身外界,不是正统的三星人。这一点在接下来的改革中将起到最关键的作用,因为外界出身的人比内部出身的人更加适合改革的大刀。

早在1979年就任副会长时,李健熙就开始物色各领域的实力派专家以及其他企业的人才,但他聘请来的人相当一部分都因为三星人抱团式的排挤和诬陷而离开了。从日本来的技术顾问在现场不敢说话,也跟三星人的排挤有很大关系。

在这样的背景下,李健熙抛出了"杂种强势论"。这个理论是说仅靠公司正常晋升渠道选拔人才会让三星的发展受到局限,因此要不断引进外来人才,掺杂在一起相互刺激才能使组织的整体力量变得强大。李健熙之所以起这个名字,估计是在他养狗时为了找出纯种珍岛狗而不断交配杂种珍岛狗的经验。

玄明官被提拔为秘书室室长正是"大刀阔斧进行改革"的信号弹,后来他成为了引领李健熙改革工作的实干型秘书室室长。不过原室长李洙彬也没有被抛弃,他被重用为三星证券会长,之后又被提拔为三星金融集团会长。李健熙对自己此前的心腹大将还是秉承了"疑人不用,用人不疑"的用人原则。

在以玄明官任秘书室室长为代表的人事改革中,李健熙刻意优待拥有更多技术经验的人,而不是有管理经验的人。在被提拔为代表理事专务地位的12个人当中,有7人毕业于工科类院校,在所有265名高管晋升者中,大约有24人在工作一两年之后就得到了快速晋升,同时还涌现出了高中毕业的高管和女性高管。三星此次人事任命被公司内外广泛宣告,成为三星不会再有性别和学历歧视的象征。

作为确立李健熙经营体系的句号,李健熙设立了新的社长助理一职,并在这个职务上大举起用专务级别的中层干部,以削弱旧的、老一辈的势力。表面上看,这场战斗是一个为期 6 个月的"闪电战",实际上,它是一场持续了 6 年的持久战。李健熙通过这些变革,终于和他的父亲一样,成为了三星集团说一不二的最高统帅。

8 15 万部手机的焚毁仪式

李健熙从不是一个安于现状的人,他经常组织集团内各事业部的 CEO 们开会,并时常将"五到十年后,我们三星要做些什么"这样的问题抛给大家。为的就是将变革进行得彻底,且与时俱进。他甚至说:"对企业有利的处理方式就是组织机构,不要顾虑我的感受,要彻底把事业进行重新改组。"

李健熙于 1993 年在美国召开的一次会议上情绪激动地说:"在美国,一支高尔夫球杆的售价是 150—200 美元,这个价格是我们三星 13 寸彩电的价格。要知道,我们的彩电是由一千多个零部件制成的。一支好的高尔夫球杆在这里能卖 500 美元,而我们三星的 27 寸的彩电才只能卖 400 美元。你们意识到问题的严重性了吗?这是对股东、对 18 万三星人的欺骗!"

1994 年,他下达了一项特别的命令:"无论花多少钱,用什么手段和方法,一定要研制出具有摩托罗拉手机品质的产品来!"此后不久,Anycall 的手机上市了。

1995 年,李健熙查看了在中国香港地区上市的三星手机,在其中发现

◆ 15万部手机的葬礼

了不良产品,他立即下令召回所有的产品。已经销售的15万台手机,或是以旧换新,或是直接退货。回收产品后,李健熙召集工厂全体员工,当众全部焚毁,150亿韩元瞬时化为灰烬。

火焰熄灭后,推土机开进来铲走了残留的东西。据目击者回忆,李健熙当时说:"如果你们再造出这样的劣质产品,我会到这里,再烧一次。"

三星以如此大的代价来追求质量保障,足以让每一位消费者动容。

在1997年的亚洲金融风暴中,现代集团分裂,大宇集团宣布破产。三星也不例外,负债高达170亿美元,濒临破产边缘。李健熙选择了三大核心领域——电子领域、金融领域、贸易和服务领域进行了重点发展,对集团内部的34个事业部门、52项产品及海外的12家亏损的分公司进行了大刀阔斧的整顿。

仅仅三星电子一家企业就将员工从5.8万人裁减到4.2万人,这一行为打破了韩国企业终身雇用制的常规。并且,公司将次要的业务外包,精简了20个业务门类,使得三星电子从以家用电器为中心的企业转变成了先进的电子企业。

达尔文说:"那些能够生存下来的,并不是最聪明的和最有智慧的,而是那些最善于应变的。"因为,"变乃不变之永恒"。"变"包括内变和外变,内变要靠人才与勇气。

1997年,三星聘请国外顶尖人才成立了战略应变小组,该智囊团由25位MBA组成,这些人均是世界顶尖学府出身的人士。每当三星集团遇到不便向外求助的难题时,该小组会立即集思广益,尽快制定相关战略并贯彻实施,直到问题解决。

德鲁克说:"不创新,毋宁死。"三星秉持着这种精神,因时而变,因势而变,不断追求创新。这种创新型的管理和创业式的经营,已经成为三星企业文化的灵魂。它就是以"变"为核心的新经营理念,以人才和技术为基础,创造最佳的产品和服务,为人类社会做出贡献。其企业精神是:"与顾客同在,向世界挑战,创造未来。"

三星集团确实体现出德鲁克创新的原则与精神,包括产品与服务的创新,市场、消费者行为和价值的创新,制造产品和服务的创新以及将它们推出所需的各种技能与活动的创新。简而言之,就是产品创新、社会创新和管理创新。正因为如此,三星才成就了今日的三星。

三星集团现在是韩国最大的企业,也是韩国唯一进入全球品牌价值前100名的企业。在2007年韩国的国内生产总值(GDP)中,三星一家就占了1/6,其地位可谓举足轻重。

9 向新的领域进军

随着李健熙体制的确立,李健熙琢磨着要转换战略,把三星高管和员工的注意力转移到组织以外去。这个战略就是对外扩张。于是在完成了体

李健熙的错误

李健熙并不是神,他也有犯错的时候,但他强于他人之处在于勇于认错。在90年代末期,三星执拗于"大企业大制造",明明知道国内汽车产能已经过剩,但李健熙仍然在汽车业务上投资数亿美元,三星汽车公司很快债台高筑,2000年被迫贱卖给雷诺汽车公司。

◆ 李健熙的错误

制改革的剧本之后,李健熙又开始编写一本领土扩张的剧本,他决心向重工业、物流业、化工业等各领域进军,还收购了在父亲手里已经捐献出去的韩国肥料公司,又在成立三星医疗院的同时收购了高丽医院,李健熙还试图进入炼油领域和民航事业,并在1995年统一合并了与影像相关的产业,成立了三星影像产业部。

不仅如此,李健熙还雄心勃勃地准备进军直升机领域和韩国国产战斗机开发领域。然而,在三星所有扩张领土的行动中,最关键的还是进军汽车领域。

大约在20世纪80年代中期,三星就开始着手探索进入汽车行业。由于政府担心过度重复投资而加以反对,因此没能如愿。对汽车行业一直非常关注的李健熙认为,要想在与现代集团的销售额竞争中不落后,就一定要造汽车。

虽然首次在集团层面上讨论进军汽车行业的方案时,有相当部分的经营层高管都持反对态度,但李健熙还是用坚定的意志坚持己见,因为他确信汽车行业的前景。他命令秘书室拟订进军乘用汽车领域的方案,秘书室也为向新的领土进军组建了特别工作小组。

李健熙在1993年7月24日的福冈会议上这样说道:

"随着技术的发展,电子、半导体、汽车、机械之间的界限正变得越来越模糊。举一个例子来说吧，现在的汽车部件有 30% 都属于电子领域，而且，在 10 年之后这个比例将会增加至 50%，越往后就会增加越多。那么到最后这到底是汽车呢？还是电子产品？谁也说不清楚。而韩国政府想要发展哪个产业呢？很显然，汽车是每个工业强国支柱产业的代表，韩国政府自不必多说。可是现在的企业都在做什么呢？我认为以我们的实力，参与到汽车业中，一定会领导汽车业的全面竞争。这条路虽然艰难，但是，我们是为了国家经济的发展而做出的选择，一定不会错。"

就在三星为了进入汽车产业在政界展开全方位的游说活动时，金泳三为了得到釜山地区的选票，向釜山民众许诺会将三星乘用车项目安置在釜山，以提高当地就业率，而三星原先是考虑在庆南的镇海或者忠南唐津的韩宝钢铁附近设立工厂。因为这两个地方不仅地价便宜，而且位置适中，交通条件也好。可为了政治家个人与党派的利益，最终企业做出了牺牲。

这件事情打乱了三星集团的预定计划，无端增加了数倍以上的地皮成本，让李健熙极其恼火，以至于在 1995 年 4 月李健熙访问中国时说出了 "……我们的政治家是四流水平，行政是三流水平，企业是二流水平……" 这段话语。

1995 年 1 月 25 日，釜山市民约 6000 人聚集在釜山社稷室内体育馆举行了引进三星乘用车工厂的庆祝典礼。这时的李健熙万万没有想到，此次进军不但没有打造出三星未来的玫瑰乐园，反而成了他人生中的一场噩梦。

1995 年 3 月，三星汽车成立。4 月，釜山工厂开土动工。按照计划，这间工厂到 1998 年将拥有年产 25 万台汽车的生产规模，到 2000 年，生产规模将达到年产 50 万台。这是一幅宏伟的蓝图，它标志着李健熙对汽车产业的绝对信心。

可到了 1996 年 5 月，随着国际半导体价格暴跌，三星顿时被笼罩在了阴影中，三星电子的净利润从 1995 年的 2.5 亿韩元一落千丈至 1996 年的1600亿韩元。仅仅一年时间，三星集团最主要的下属公司三星电子便创下了一万亿韩元以上的巨额亏损，而且这片阴影随着汽车业务的全面展开变得更加阴暗。

三星在釜山填埋海滩建成的工业区建造工厂，仅仅181.5万平方米的场地，就投入了6000亿韩元的资金，每坪（1坪=3.30378平方米）地的价格超过了100万韩元。而不久前完工的现代集团牙山工厂每坪仅为20万韩元，大宇集团的群山工厂每坪也只有30万韩元。与他们相比，三星釜山工厂的建造成本超过了竞争对手3—5倍，这也是三星汽车早期经营不善的根本原因之一。

尽管如此，李健熙仍然确信汽车业务会保障三星的未来。他在1995年2月美国洛杉矶战略会议上说："从产业的特点和市场规模方面来看，电子和汽车将是挑起21世纪韩国经济大任的两大顶梁柱……我们要共同认识到汽车业务是三星为21世纪而准备的新业务，同时也是21世纪产业竞争力的核心。在21世纪世界汽车产业重组中必须由韩国企业来主导，所以，我们要尽早应对新世纪汽车的概念和技术变革。"

1997年，三星汽车为自主生产的KPQ汽车（后改名SM5）开始刊登企业广告，次年即开始批量生产并全面投放市场。SM5汽车在舒适性和稳定性方面得到了汽车专家们的好评，但在当时恰逢亚洲金融风暴爆发，导致消费极度低迷，虽然三星开展了狂轰滥炸式的广告攻势，但SM5汽车的销售一直上不去。最糟糕的是，三星每卖一台SM5就亏损大约153万韩元，卖得越多，亏得就越多，加上因为生产数量少导致的生产线高额折旧费，每卖一台车都要亏损几百万韩元。到1998年底，三星汽车亏损额达到6988亿韩元，几乎吞噬了全部资本金（8054亿韩元）。

为了摆脱困境，三星开始了收购起亚汽车的活动，试图以此来解决亏损问题。而起亚为了不被三星吞并展开了自杀性的经营活动，终于在1997

年 7 月宣布破产。接着三星又策划了三星汽车与大宇电子的产业交换计划，最后也成了泡影。很多人嘲笑这是因为"企业主的私人兴趣而酿成的惨剧"。

当三星汽车 2000 多名员工在工厂里打出"打倒杀害三星汽车的李健熙"横幅时，李健熙终于决定要结束这场噩梦。无论如何，他都必须尽快从这个泥潭中抽身，如果三星汽车倒闭了，相关的合作企业也不得不破产，这将会使 96 家一级零部件供应企业的 1.3 万多员工、1000 多家合作分包企业的 5 万多员工失业，三星集团在这之前建立起来的名声和信任会彻底毁于一旦。

可是怎样才能抽身呢？

只有申请三星汽车破产并补偿三星汽车经营不善导致的 2.45 万亿韩元的债权人损失，给予那些三星汽车职工和分包企业足够的抚慰金，问题才能得到彻底解决。可是，如此巨额的资金即使是财大气粗的三星集团，一时半会也是掏不出来的。

李健熙想到了一个不用现金的办法，那就是把三星生命的股份高额评估后拿出来就可以。那时的三星生命还没有上市，因此股票价格取决于最后核定。只要把三星生命的股份价格评估得高一点，就完全可以应付债权人"拿出私人财产补偿损失"的要求。

关于如何核定三星生命的股份，李健熙和当局展开了马拉松式的协商，最后终于得出了结论。1999 年 6 月 30 日，三星在申请三星汽车破产的同时，宣称将李健熙会长持有的三星生命股份核定为每股 70 万韩元，将 350 万股（价值 2.45 万亿韩元）交给债权人方，再拿出三星生命股票 50 万股（价值 3500 亿韩元）作为职工和分包企业的抚慰金，并且承诺万一产生额外损失，会由三星集团提供补偿。

这果然是个妙招，不但可以从泥潭中抽身，而且这些负债和抚慰金要想变成现金就需要三星生命上市。一旦那样，李健熙一家和三星集团就能不费吹灰之力拿到几万亿韩元的收益。就算三星不能上市也没关系,因为在李健熙做出这个承诺的同时,他和三星集团就从与三星汽车相关的一切法律和道义问题上脱身了。

2000 年 4 月,雷诺汽车公司收购了三星汽车,李健熙也终于完成了他人生中的一次敦刻尔克大撤退,顺利走出了泥潭。

10 风暴来袭

在新经营策略实施的三年后的 1995 年,半导体存储市场繁荣,三星电子盈利创史上新高,整个公司呈现出泡沫现象,自满情绪的膨胀阻碍了新经营战略的推进。从 1996 年下半年开始,半导体经济形势逐渐有恶化的兆头。当 1997 年末金融风暴袭来,三星电子顿时陷入全面危机。

面对意料之外的金融风暴袭击,三星电子财务状况一时间极其恶化,出现了资本减损的问题。因汇兑平价损失及海外事业亏损等负债 6 万亿韩元,贷款达 13 万亿韩元。照这个趋势发展下去,不用三年,三星电子必然破产,三星面临成立以来最大的一次危机。

然而庆幸的是,在金融危机来临的前一年,三星电子已经开始实施经营革新战略。1996 年,尹钟龙担任公司总裁,以自律经营、效率经营、简单经营为理念,开展第二期经营革新活动。所以三星电子仍具备萌动的应对危机的能力。

1997 年 11 月底,三星发表了所谓经营体制革新方案,其核心内容是精简 30% 的机构,1998 年节省总开支的 50%,按照 10% 的比例降低高管的薪水,把投资规模缩减 30%。

◆ 战胜98金融危机

1998年7月下旬,李健熙与企业高管们再次聚集一起展开大讨论,会议制订了大幅调整企业结构的方案,此次机构调整的核心在于产业选择、产业重心、出售无收益资产、削减不必要支出、裁减人员和机构、减少库存和债券等。

1. 果断处理无收益资产。为改善收入结构、回笼资金,三星需要将无收益的资产处理掉。三星电子分别以2000亿韩元的价格出售利川电气和不动产,搜集高尔夫会员券,并回收5000亿韩元的企业职工贷款,这些举措使三星电子共回笼1.2万亿韩元的资金。

2. 减少产品库存和债券。以彩色电视机为例,三星让生产工厂停产2个月,将4个月库存减少至2个月。在债券方面,1997年末,三星电子仅在一年内就把所持的8.8万亿韩元债券缩减了32%,1998年末又减缩至6万亿韩元。

3. 削减不必要开支。三星电子废除了虚高的福利制度,最大限度在削减会议、接待、交通等方面的支出，并把车辆管理等低附加值的业务转为外包。这一系列措施使三星电子每年节省了1.5万亿韩元的不必要支出。

4. 裁员。三星电子不仅大力裁员，还完全废除制造部门的科、部级组织。任员级别以上的部门也从1996年的220个减少至170个，减幅达22%，同时还在人力资源部设置职业规划中心，帮助离退人员重新谋职。

5. 整顿低收入产业。为集中力量发展有潜力的核心产业，三星电子或分化赤字严重和没有前景规划的产业30多个，涉及产品140多种。

6. 从产业盈亏、资金周转等方面着手，改善财务结构。

随着库存与债券的减少，三星电子的资金流动情况得到明显改善，公司的经营体制和财务结构逐渐得到固化和优化。在抛售和撤离产业、减少库存和债券的过程中，出口和销售额减少了近1万亿韩元，但自1999年起，公司每年节省两万亿韩元左右的费用支出，这足以与亏损部分相抵。

经过两年多的结构调整，到2000年三星电子的负债率从亚洲金融危机后的300%降到了85%，财务状况得到了极大改善。三星电子结构调整的结果，引起了国外主要大学研究机构新界的关注，成为他们研究的对象。

三星电子2012年销售额为201.1万亿韩元（约1869亿美元），比上一年增长21.9%；营业利润为29.05万亿韩元（约270亿美元），增长85.7%。这家在1997年亚洲金融危机中负债高达180亿美元、几近破产的韩国企业，在短短十余年间破茧成蝶，一跃成为"国际巨星"。

亚洲金融危机的结果是，三星从此成长为一家真正具备世界竞争力的企业，李健熙也成为了世界关注的焦点。

第六章
李健熙的经营管理之道

1 根植技术经营

自担任会长以来,李健熙一直提倡根植技术经营。在他看来,只一味地重视技术是远远不够的,在看重技术的同时,还要重视根植技术经营的实际运用。

李健熙曾说:"三星能有今天,我想是因为有技术作为后盾。虽然今天我们和世界一流企业之间都共同开发技术也共同行销,但是在早期别说是技术指导,就连花钱买技术都很不容易。再加上当时的韩国经营者总认为技术工作者只是工匠,并不怎么放在眼里,我只好站出来,就像对待客

◆ "经济总统"李健熙

户一样，诚恳地向日本或美国的技术工作者一点一点地请教。幸好，我从小就对新事物充满好奇，喜欢追根究底，所以一直很期待听到新的技术、好的技术。只要一有空，就会到先进的国家学习，向技术人员请教，再传授给我们的技术人员。"

历经十几年后，不管是三星公司的经营者，还是现场员工，都了解技术的重要性。三星公司努力开发新技术，从而拥有了一流的技术能力。技术人员在精通技术的同时，还要懂得经营，技术和经营缺一不可。

在李健熙看来，经营的关键在于用人。企业的发展不是一成不变的，未来充满变数。如何在变化万千中应对自如，如何拥有前瞻的眼光，为了迎接未来的挑战，应做哪些准备？李健熙认为，人和技术是企业发展的核心。如果想壮大企业，走向世界，就必须在各个领域，上至开发，下到营销，都要不遗余力地招揽人才。只有优秀的人才，才懂得公司的经营之道，才能开发出领先世界的高尖端技术。

李健熙认为，"知、行、用、训、评"是首席执行官应该具备的素质之一。所谓"知"，就是要了解工作的概念、技术、用人以及核心力量；所谓"行"，就是不止于知，将自己所知的付诸行动；所谓"用"，是要懂得给下属分派任务，知人善任，深知用人之道；所谓"训"，是要懂得如何指点和引导下属；所谓"评"，是要懂得预测和客观评判最后的成果。

俗话说"疑人勿用，用人勿疑"，李健熙在用人策略上深谙这个道理。如果你不信任这个人，就不要把重任交给他；如果你想重用一个人，就要信任他，全权交给他。在用人之道上，李健熙自信满满："三星的首席执行官的能力或资质，比任何先进企业的首席执行官还要优秀。所以我只管提出未来策略方向等经营的大方向，至于一般经营，各公司具备专业能力的总经理会自动自发地完成。一个会长分内要做的事，不就是从背后给予他们支持，让他们拥有责任与权限来实现经营理念的吗？"

经历了金融危机后，三星公司的经营管理理念变化很大。之前，"有福同享，有难同当"被认为是理所应当的事儿；现在，"多做多得，优胜劣汰"已经被大家接受。三星推出了年薪制，建立了清晰的奖惩制度。刚开始，有些员工不适应，不过，随着工作效率的提高，大家慢慢接受了这些管理理念，员工的积极性空前提高。三星公司实行了成果分配制度，制度刚开始执行时，大家会不理解，为什么要人为制造这种收入的差异。但是，两年后，公司的氛围完全不同了，大伙儿都争着抢着要成为第一。这种制度从根本上提高了员工和企业的竞争力。

李健熙把企业当成自己的心头肉，他曾这样说道："每次作结构调整的时候，就像从自己的身上把肉挖掉，非常痛苦。尽管如此，为了应对时时刻刻都在变化的外部环境，提高竞争力，不得不继续调整组织。过去，同人对公司盲目忠心，公司也回报一个终身雇用的保障，是很平常的。但现在，这样的公司无法发展，同人也不愿意做这样的事。每个人各自尽全力得到自己所该得的，公司则创造一个可以让同人充分发挥各自能力的工作环境。这样双赢的关系才能相互促进和提高。"

② 铁三角框架

三星家族不仅通过交叉持股掌控上市公司，还利用三大独特组织机构管控内部事务。受韩国传统文化的影响，三星公司组织架构和治理结构十分复杂，而且等级森严。公司分了十几个阶层，从上到下有部长、次长、课长、常务、专务到会长、社长。这有点军事化管理的味道。

这种军事化家族控制的管理结构，怎样做到速度经营的呢？如何提高效率的呢？三星公司采用了"铁三角"这一独特的决策模式，保证了速度经营的实现。

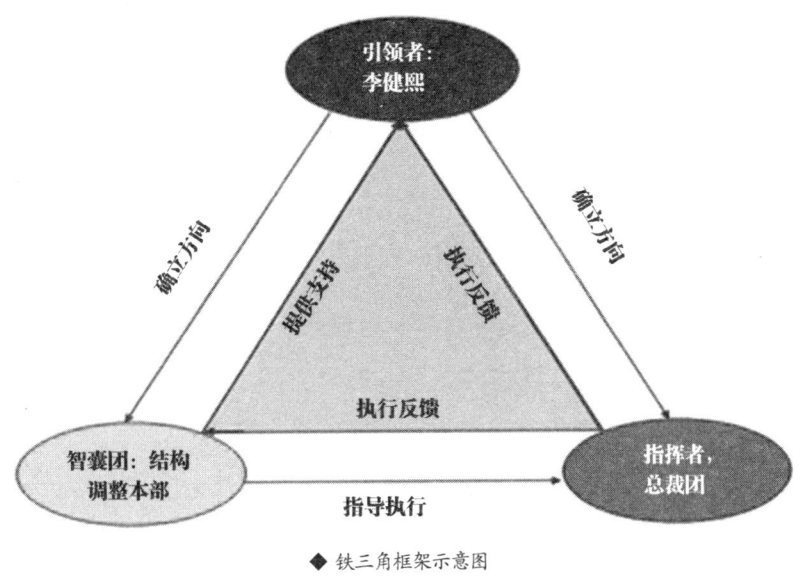

◆ 铁三角框架示意图

何为"铁三角"呢？李健熙处于三角形的顶点，负责规划公司的发展方向，确定战略性决策。三角形另外两个点是三星决策机制的两个重要的机构——战略规划办公室和总裁团。战略规划办公室起着智囊团的作用，收集和分析决策所需的信息，提供决策的依据。总裁团起着指挥者的作用，他们负责实现公司重大的战略决策，负责公司的实际运营，保证高层的战略和方向顺利执行和实施。

这种独特的"铁三角"模式，解决了"官僚式组织结构"与"速度经营"之间的运营矛盾，实现了军事化家族管控下的速度经营。三星公司这种准军事化组织结构，虽等级制度森严，但执行效率非常高，执行速度很快。

20世纪90年代是半导体行业的寒冬，市场一点儿也不景气。在此期间，战略规划办公室起了重要作用，如果没有战略规划办公室，三星不可能走出严酷的境况，更不可能成长为世界一流企业。

外汇危机后,总裁团主要负责公司结构的调整,以保证不管在何等境况下,公司都能创造利润。1998年下半年,经济危机后,三星电子进行了人力裁减。做了一次精简后,战略规划办公室认为危机会持续更长的时间,计划进一步裁减。一年两次人力裁减非常不易,但是,这也挡不住战略规划办公室的脚步。在李健熙的信任中,战略规划办公室成功完成了结构调整。分家、出售,三星电子的人员从47万名减至38万名。这种人力精简政策成了三星创造高利润的原动力之一。

战略规划办公室总部对于三星手机的出世,起到了幕后推动作用。1996年,作为IOC(国际奥委会)委员,李健熙想借助奥运会提高三星的品牌知名度。当时,虽然三星电子产品的质量与日本产品质量相当,却称不上世界一流产品。因此,李健熙想通过奥运会打造三星产品的品质形象。经过艰苦努力,战略规划办公室小组,终于使三星电子成了1998年中野冬季奥运会公开赞助企业之一。三星品牌开始走入世人的视野,为打造一流品牌奠定了基础。此后,三星电子还成了悉尼、盐湖奥运会的公开赞助企业,品牌知名度猛涨。

战略规划办公室每周三都召开社长团恳谈会,每月开两次结构调整委员会会议。在会上,结构调整总部商讨和决策各个子公司的发展战略和方向,确保公司结构最优化。

3 "东方式管控 + 西方式变革"

韩国三星公司被评为"世界最受尊敬的企业"之一,人们对它一点都不陌生。在日常生活中,我们应用了很多三星的产品,手机、笔记本电脑、数码相机、电视,甚至存储器、音乐播放器、打印机。三星公司还涉及电子、金融、化工、贸易等很多领域。三星成为世界500强企业之一,跟它的公司管理有着密不可分的作用。

三星公司的管理融合了东西方的管理理念,被人们总结为:"东方式管控＋西方式变革"。这种管理制度,使得三星公司在持续改革创新中,保持高强度的执行力,从而以速度经营制胜。这种"东方式管控＋西方式变革"制度主要通过下面三个方面来实现。

1. 在三星公司的管控上,我们看到了东方传统的影子。为了经营权能够世代相传,三星创始人家族编织了错综复杂的财团所有权关系网络,通过交叉持股掌控公司,企图用很少的资金控制所有的公司。三星各关联公司股权关系十分繁杂,例如,李健熙家族通过三星爱宝乐园公司交叉持有三星各子公司的股份,在三星集团内部形成环形的交叉持股链条,实现家族对三星财团的绝对控制权。虽然李健熙家族持有三星电子的股份很少,

◆李健熙与夫人

但是通过"环形"交叉持股方式，配合特有的"铁三角式"的决策机制，获得对三星电子的实际控制。

2. 战略规划办公室、社长团会议和结构调整委员会为三星三大独特组织机构。战略规划办公室是三星集团最高的权力部门，许多重大决策都是出自于这个部门。该机构对三星集团的下属各公司施加了广泛的影响力，可以说是三星公司的管理智囊团，全面及时掌握公司经营信息，并迅速反应做决策。

一般而言，集团公司"首脑会议"一年召开一次就够了，而在三星，这类会议是一周一次，它的名字叫做社长团会议，由三星会长亲自主持。每周由各子公司社长做汇报，通过该会议，三星高层可以详细了解各事业部的经营业绩及存在的问题，并就一周内的主要经营问题进行讨论，协调立场，若有必要就及时调整经营策略。

同时三星公司还设立有5人组成的结构调整委员会，该委员会每两周召开一次会议。相比而言，可以将其理解为三星集团的方向盘。委员们会就开拓新型产业、与外国企业合作和大规模投资等集团内重大问题进行紧密磋商，并协调意见，最后由董事长做出裁决。

3. 三星集团各系列公司之间的垂直分工体系非常完善，从原材料到最终产品，应有尽有。通过这种业务模式打造良性循环：以上游成本与技术优势推动下游产品的成本优势，增强终端产品市场竞争力；同时，可以有效减少其他上游企业对于自己相对处于下游的产业控制，掌控产品节奏，提高自主独立性，保证速度；除此之外，三星这种模式的另一个重要优点是能够实现同步研发，使创新成为一个系统工程，从而保证在最短的时间内使各环节零部件创新成果应用于终端产品，实现创新的快速执行。

 **"信息化掌控 + 前瞻性研发"**

三星不仅拥有掌控公司的硬件——三大组织,还有配套的软件——信息化掌控系统。该系统是三星实现管理改革的重要工具。信息化掌控系统通过对一手信息的收集、分析、挖掘和对重要知识的分享来参与决策公司的方向。它主要通过以下三个方面来实现:

1. 相对于一般企业所偏重的产品研发来说,三星上升到经济与产业研究层面上,众所周知的"三星经济研究所"即为重要实例。该研究所的研究领域涵盖经济的方方面面,对韩国高技术产业发展到研究亚洲各国经济商业环境的战略驱动因素、趋势和问题,可能影响到公司决策的各种经济问题都会进行深入研究。在此基础上结合时代背景,通过自主化调查分析,把握产业脉搏,从而在第一时间抢夺市场先机,迅速做出调整。

2. 三星采用地区专家制度来准确获得一手信息,指从在公司工作三年以上的单身职员中挑选出业绩优秀,且具有国际化思维的核心员工,将其派往海外进行为期一年的考察学习。这是一种相对自由放任型海外研修制度,外派人员被称为"地区专家"。在这一年里,"地区专家"要去体验和感受那个国家的人文环境、文化风俗或者地区特征,并建立自己的人际关系网,同时需要将自己的亲身经历和所见所闻及时发布到公司的网站上,为三星了解开拓海外市场的特点做出针对性强的经营管理决策提供参考,而这些人到时也自然而然地真正成为当地的地区专家。

3. 三星公司建立了完美的管理信息系统,在信息化过程中,子公司SDS起到了举足轻重的作用,它专业化地推动了三星信息化掌控的进程。通过多方面的信息化建设,三星拥有了超强的信息收集、分析和挖掘能力。

对三星来说，在竞争激烈的市场上取胜的最终载体是新颖的产品。当然，产品背后的主要因素是超强的技术支持，这与三星公司前瞻性的研发密不可分。

1. 三星产品的研发不仅立足于市场调研，还重视产品的研发速度和推出速度。对于研发速度，三星的战略定位是这样的：比欧美同行提前1年，比本国同行提前半年，比日本同行提前3—6个月。

2. 三星是靠模仿其他公司的技术起步的，它十分了解知识产权和专利技术对于企业的重要程度。因此，三星公司十分重视关键技术的开发，不管是在公司的管理理念上，还是在公司的运营实践上，三星都把此放在战略性的位置上。三星将每年8％的销售额用于研发系统的建设和产品的专业化研发。

3. 三星具体技术研发部门的建立具有分层分类的特点，主要划分为集团和各公司业务这两个层面。集团级的公司技术事务所主要负责新业务领域的核心技术开发，进行前瞻性研究，关注研发活动的长期效益。

技术研发中心主要研究开发在短时间内能给公司带来收益的技术产品，它下面设有专业的研发队伍，负责按步骤执行产品研发任务，商业化运作，保证新产品在两年之内诞生。三星公司通过层级式研发体系，实现前瞻性研究与实用性研发的平衡、长效和短期的完美结合。

5 "生鱼片理论"

三星公司有着独特的竞争策略——生鱼片理论。所谓生鱼片理论是指，第一天，你抓到高档鱼，能将其以很好的价格卖给高档餐厅。如果第一天

◆李健熙

没卖完，等到第二天再卖，就只能以半价卖给二流餐厅。如果第二天还没卖完，等到第三天，就只能以 1/4 的价格卖出。以此类推。

消费类电子产品竞争日益激烈，今日的热销产品，明天就很可能无人问津。在这种市场环境下，电子产品跟生鱼片无异，三星 CEO 们深谙这个道理。在他们看来，消费类电子产品在市场上胜出的秘诀是最早将最先进的产品上架。只有这样，才能在相似产品甚至更先进的产品纷纷跟进前，卖得好价钱。很多电子产品的赚赔，取决于交货时间。如果将交货时间缩短一周，结果可能大不相同。如果推迟两个月入市，那很可能就成了明日黄花。

为了避免让自己的产品变成隔夜生鱼片，三星公司不断地重建新规则。在产品策略上，三星始终以最酷、最时尚的产品进驻全球市场，其移动电话、LCD 电视、存储芯片和摄像机一直领先于它的主要竞争对手，某些产品在这一行业赢得了最高价。

在重建新规则上，三星公司最经典的案例是 Anycall 手机。1992 年，三星集团会长李健熙提出"新经营"思想，进行战略调整。那时的韩国手机产品还多用模拟技术。摩托罗拉手机的产品市场份额很大。于是李健熙提出"质量为上"的口号，三星手机因此将所有不良手机烧毁以表达重视质量的决心。

三星电子经过分析认为，模拟技术靠经验，而数字技术靠的是创意和速度。因此，三星迅速改变发展方向，于1996年采用CDMA技术，正式走向数字技术之路。为了打造过硬的产品，抢占手机的市场，三星手机进行了各种恶劣环境下的严格测试，并将产品命名为Anycall手机，意思为在任何地方、任何时间都能通话的手机。

重建新规则的另一个经典案例是百事可乐。20世纪70年代，百事可乐在调查中发现，消费者更喜欢轻便型包装，因此他们决定改用塑料瓶。当然，可口可乐可以完全模仿百事的做法。但在当时，可口可乐外形独特的玻璃瓶就是自己的标志，他们已为此用了数亿美元、几十年的时间宣传推广，如果模仿百事是一件代价非常昂贵的事情。由此，百事发起了一场可以为自己带来价值，同时破坏可口可乐价值的运动。

可以说，这种重建新规则的战略思考（也就是博弈中的前瞻行为）才是制定真正拥有持续优势战略的关键。

6 优秀的理念与隐忧

三星公司不断壮大，它形成了独特的企业文化和优秀的管理理念：执行为王、人才第一、鼓励创新、全方位立体式学习、三星蓝皮书等。可以想象，这也是三星速度经营和持续改革创新的文化源泉。

"人才第一"是人力资源管理理念，是企业人力资源管理方面在三星公司发展中的具体体现。这一理念时刻伴随着三星的发展壮大。三星公司始终把人才放在首要位置，在技术开发和企业管理上都不惜重金聘请国际一流人才。

如何让顾客接受认可自己的产品，对于企业成功具有重要意义，品牌管理的有效运作在其中就扮演着关键角色。三星品牌价值之所以取得如此快的增长，是通过一系列的组合方式，各系统相互配合才取得的。除了产品本身所具有的竞争力之外，品牌运作的四大法宝也是可圈可指、功不可没的，涉及营销组合、产品组合、技术保证和服务保证四个方面。

首先，三星产品所打出的营销方式十分独特，特点鲜明，它主要从体育营销、娱乐营销和公益营销三面出击。

其次，三星品牌运作所推出的产品组合在竞争对手眼中可谓强势：半导体、通讯、家电、AV、电脑、显示器等产品样样具备，且样样品质拔尖，这样优秀的公司少之又少。"强强联合"无疑能在短时间内快速提升三星的品牌价值。

再次，高品质、高价格、外型美观、功能先进和技术领先，五大概念的塑造和推广是三星品牌运作的技术保证。

最后，三星有"三心"——"称心、舒心、放心"。品牌运作的成功离不开顾客所感受的到位理性服务，三星为了让顾客放心，对售后服务采取了一系列措施，尽可能地为客户提供完美的服务。

纵观三星的发展历程，我们不仅看到了它光鲜的一面，同时也看到了它在未来发展中存在的潜在隐患：

第一，家族控制的治理结构可能增加决策的风险性，也可能由于标志性人物的行为增加股民对公司的不信任感。正如书中所述，三星采取"铁三角的决策模式"，在这个决策模式中，李健熙处于三角的最顶点。他主要负责确定公司的整体发展方向，确定长期的战略性投资决策，是公司进行改革的倡导者，是公司经营文化的塑造者、倡导者及执行者。

这种模式最大的隐患是决策上容易形成对李健熙个人的过分依赖，存在由于过于重视领导人作用从而使公司决策的风险性加大的可能。同时这种模式的另一个弊端是，由于李健熙已经成为三星的灵魂和标志性人物，所以他的一举一动都会受到公众的密切关注。而"人无完人，金无足赤"，这样可能由于李健熙个人的一些不恰当行为很容易影响股民对三星公司的整体信任。

第二，垂直整合的产业模式也存在"火烧赤壁"的风险，这种模式的弊端是一旦上游产品的成本失控，则会导致整个价值链条的崩溃。垂直整合模式在特定时期能够推动三星的发展，同时如果控制不利，这种模式会给三星带来因价值链条某环脱节而全盘崩溃的灾难。

第三，发现新业务增长点的必要性与压力。从三星的经营数据上，我们看到多年来三星一直保持着稳定的业务增长组合，这种增长模式很容易被后来者模仿和追赶，所以三星在数码时代能否一直保持领先的优势，很大一个方面也在于能否探索出新的业务增长点。

第四，贿赂经济的存在有可能成为三星持续发展道路上的一块绊脚石。受诞生发展的地域与民族特色影响，在一定程度上，三星的成长也多少得益于贿赂经济的存在。但从长远发展来看，"一朝天子一朝臣"的现实情况，有可能增加三星公司维系公共关系的各项成本，同时也增加了三星因为韩国政治变动而受到冲击的重大隐患。从国际化和规范化角度来讲，贿赂经济的存在有可能成为三星运营规范化的障碍，影响三星的可持续发展。

第七章
人才第一主义

1 人才即未来

企业的生存与否,在很大程度上,并不取决于事业,而是取决于是否拥有与时俱进、应变自如的人才。为了让集团各独立社社长对此有切身体会,李健熙进行了一次特殊的书面报告考试。考试的主题是"5 至 10 年之后,我们将靠什么安身立命",李健熙给了他们 6 个月的研究写作时间,各社社长们也一个个各显神通,全力以赴进入到调研之中,并按时提交了书面报告。

李健熙在阅读完所有报告之后,如此批示道:"没有一个社长能够提交我需要的答案。如今我们正处于连一年之后的情况都无法预测的变化迅速的时代,预测 5 至 10 年后是不可能的事情。正确的答案是:寻求和培养能游刃有余地应付这种变化的人才。"

李健熙自己重视人才,并把这种理念传递给了三星公司的其他领导者,让社长们深刻认识到,决定企业未来的不是事业,而是人才,使他们更加重视和珍惜人才资源。

跟李健熙一样,很多经营大师们,把自己的大部分精力都投入到人才资源的积累和保障中。也许是英雄所见略同,通用电气的杰克·韦尔奇也十分重视人才,他曾说过:"我工作的 70% 是用来确保人才的。"

对此,李健熙深表认同:"一个成功的经营者,必须要认识到确保核心人才是自己最重要的工作。如今的时代很难预测未来的变化,因此应对未来的最重要的战略就是确保拥有优秀人才。经营者必须要认识到,确保核心人才是自己义不容辞的最重要工作。经营者要具有对人才的本能的渴望。如有必要，不但要三顾茅庐，甚至要四顾、五顾茅庐。"

在这个突飞猛进、各方面都变幻莫测的时代，没有人能完全准确地预测未来。要想长久地经营发展，拥有与时俱进、目光长远的人才是最好不过的。李健熙对此深有体会，在他看来，应对未来的最好方法便是确保人才。出于对人才的渴望，李健熙甚至举了个比较极端的例子，他如此说道："微软公司的销售额占美国国内生产总值的2.7%，其纳税额占美国全部纳税额的1.8%。假如我国拥有3名比尔·盖茨这样的人才，那么我国的经济总量马上就会出现惊人的变化。我的目标就是寻找3名这样的天才。"

李健熙始终认为，三星的未来不在于事业和技术，而在于人才。对于这个道理，在生意场上摸爬滚打了一辈子的李健熙比任何人都有深刻的了解。所以，可以理解，他如此重视和爱惜人才，并非过分之举。李健熙从小热衷于研究"人"，坚信人才第一。在他的带领下，三星公司各种人才井喷而出，齐心协力与三星一起腾飞，创造了一个又一个奇迹。

为了使优秀企业进一步发展成为杰出企业，CEO们都做了哪些工作？有人对美国30家大型公司进行了深层次的调研，结果显示，他们做的最多的便是人才引进。这与李健熙的人才第一主义非常相近。

当我们打开《哈佛大学MBA毕业生们是如何工作的》一书，就会发现详细介绍这一研究结果的内容：

斯坦福大学商学院教授吉姆·柯林斯带领一个20人研究团队，用5年时间对30家重要公司进行了深入调研，了解为了使优秀企业进一步发展为杰出企业，CEO们都做了哪些事情。以下为研究结果中的一个主要部分：

首先是"谁"最重要，做什么倒是其次。我们原来想，这些优秀的CEO们，一定会强调他们制定的目标和战略，可结果出乎我们意料之外，他们的回答是，选择合适的人，送上公司这辆大巴，将不合适的请下大巴，再使合适的人坐在大巴上最为合适的座位上。之后，CEO们才会考虑将这辆大巴开到哪里。有句名言"人是最重要的财富"，这句话只说对了一半，合适的人坐在合适的位置上，才最为重要。

柯林斯请一位杰出企业的CEO列举将普通企业打造成卓越企业的五大要素，那位CEO笑着回答："第一是人，第二是人，第三估计是人，第四亦是人，第五还是人。"原来，人才第一主义也是不分国界的。

 "人才才是资本，钱只是资金"

三星之父李秉喆曾说："在我的生命中，有80%的时间都是用来网罗和培养有潜力的人才。"在这方面，李建熙跟父亲一样，他说道："21世纪是一个天才可以养活20万人的时代，是人才激烈竞争的时代，是知识创造财富的时代。"同样，IBM创始人托马斯·沃森曾说过："你可以接收我的工厂，烧毁我的厂房，但只要你留下这些人，我可以很快重建IBM。"

三星公司后劲十足、竞争力日益增强的背后，是它完善的人力资源管理系统。三星是韩国最大的人才库。三星公司拥有4.8万员工，其中硕士、博士超过5500人。进入21世纪后，三星提出：要建立全球人才管理体系，为5至10年的发展提供充足的人才储备。

为了招揽天才，三星公司开出5倍甚至更高的薪酬聘请这些人。李建熙认为："人才才是资本，钱只是资金。"他亲自到日本、美国、欧洲等人才聚集的地方挖掘优秀人才，甚至挖世界500强企业的墙脚。三星公司为人才提供优越的物质和生活环境，甚至开出比CEO还要高的工资。海纳百川，有容乃大。三星公司对于那些能力非凡而个性十足的，甚至难以相处的员工，也能够做到知人善任，让他们在公司内部发挥自身的优势。

三星用人制度赏罚分明，激励制度透明合理，考核能力、业绩，按劳分配，给予不同的薪酬待遇。奖励机制十分完善，包括年薪制度、分红制度、生产奖金制度。

遵照李健熙的理念，三星注重分门别类式人才管理。

1. 按能力将人才区分为S级、H级、A级。S级属超级人才，他们的平均报酬将比普通员工高出3倍还多，目的是吸引和留住他们；支付H级、A级的薪水则相应地下降。

2. 按实际业绩支付报酬。如以普通员工年薪的60%为基本工资。剩下的40%要根据个人的业绩来决定。每个公司组织年度评估，分为A、B、C、D四个等级，A级最高，可拿到岗位工资的130%；B级次之，可拿到全额的年薪；没有按时、按质完成预定任务，则会遭相应地扣减，这就是C级、D级待遇。

除此之外，三星还经常给为公司做出重大贡献的员工额外的奖金。

三星公司求贤若渴、不拘一格地选拔人才。在领导人员的选择上，三星公司以"知、行、用、测、评"为基本标准，全面地衡量了未来领导人的潜在素质，保证提拔的人才名副其实。他们面向全球公开选拔，录用人才，建立了海外研究机构，挖掘、培养和重用人才。除此之外，三星公司还成立了人才开发院，建立地域性专家培养制度，甚至提供"太太学校"教育，让太太影响丈夫。

三星公司很重视员工的个人素质和道德品质，他们甚至提出了"视不正之风为癌症"的口号。除了培养新员工的忠诚度，还强调员工人性美、道德性、礼仪规范及行为规范的重要性。李健熙认为："三星要想成为世界一流的企业，最重要的一点是让所有的员工都成为有道德的人。"

3 打造重视人才的雇主品牌

雇主品牌这个概念源于营销学的品牌理论,后来被人移植到人力资源管理领域。雇主品牌概念下,隐含着的一项假设是把雇员(包括潜在雇员)当成顾客,把雇主看成是为顾客提供产品和服务的生产者,从这个意义上讲,概念移植得很漂亮。

这两年,各路媒体、调查机构热衷于雇主品牌的各种排名和故事的挖掘,企业也很重视雇主品牌实践。特别是一些大公司,在这方面积累了不少经验,已经把雇主品牌建设作为一项专项职能,从设计到传播,实行"体系化、流程化、模块化、标准化"管理,专业水平已经很高。

在这个时候,三星是怎么进行雇主品牌建设的呢?韩国是一个在思想上很传统的国家,跟中国有些相似,做什么事都是靠关系、结团、组社。组织内部讲究乡缘、亲缘、学缘,或者早年共事缘,形成一条条的派系。各派系提拔的都是"自己人",圈子里很大一部分是自己的亲戚、朋友、同学。在这样的大环境下,三星却有个奇怪的规定,任何人的籍贯、毕业学校不予公开,不允许彼此询问籍贯、学历,绝不允许在公司内部举办联谊会、同乡会、同学会,避免学缘、亲缘、乡缘对用人的影响。三星用这样的方式告诉员工,机会只属于有能力的人。可见,三星公司的用人标准不是关系,而是唯才适用、任人唯贤,从而打造了重视人才的雇主品牌。

2013年7月,韩国经济信息网公布了最新的最佳雇主排名,三星电子再次位列第一。在韩国人眼里,这是非常正常的事情,因为一直以来,三星被认为是年轻人最理想的就业场所。

但有意思的是，作为多年的最佳雇主，与美国、中国的某些公司不一样，三星电子并不认为雇主品牌是一项专业职能工作，也不会宣扬三星在雇主品牌建设上的成就。"三星雇主品牌"的核心是人才理念，三星更加在意的是：将自己的人才理念与人才实践统一起来，持之以恒坚持下去。

换句话说，在三星看来，雇主品牌理念的设计与传播固然重要，但更加重要、极端重要的却是理念的实践。人才是企业创造财富最重要的元素，在谈及三星的人才理念时，曾经担任李健熙会长机要秘书的李哲禧说过，在三星，排在第一位的核心价值观就是"人才第一"。这是三星第一代领导人李秉喆50年前提出的，迄今，这一条仍然牢牢占据三星核心价值观第一的位置。这意味着三星是一家极端重视人才的公司。

20世纪六七十年代，大学生就业场所不是政府就是银行，要么就是国有大企业，几乎没人去私人企业。三星是韩国最早从大学招聘毕业生的企业，三星给毕业生开的工资比政府、银行要高得多。这样一来，大量优秀毕业生进入三星，为三星越来越多、越来越大的诸多下属企业储备了人才（类似于美国的管理培训生制度）。

三星重视人才到什么程度呢？

1983年，三星进军半导体的时候，聘请了大量日本的"礼拜天工程师"，即星期六晚上飞到首尔，第二天在三星工作，星期天晚上再回日本。因为三星给出的待遇非常优厚，在日本半导体工程师圈子里影响巨大。同时，为了赶上世界最新技术进展，三星在美国硅谷聘请工程师，开出的薪酬水平是当时三星半导体公司总经理的3—5倍。

1994年，为了打开国际市场，三星建立了"区域专家制度"，为国际化战略输送人才。所谓区域专家制度就是选派最优秀的人才，完全脱产，到目的国进行为期一年半的体验，学习语言，了解当地文化、风土人情、政治经济情况，目的就是为了培养"本地通"——将来能够完全融入当地的人才。

三星在这项制度上要花多少钱呢？每位专家每年花费5万美元！目前三星已经培养面向各国的"区域专家"3000多人，三星国际化比其他同行要成功得多，这项制度功不可没。这样，在韩国、日本、美国、中国，在这些三星目标人才所在地，也就是"人才目标市场"，三星获得了"只要是人才，三星一定舍得花钱"的名声，成功打造出了极度重视人才的"三星雇主品牌"。通过一次次的用人实践，三星向企业内外宣示了"用人只看能力，不看关系"的雇主品牌内涵。

4 "只要是人才，三星绝不放过"

三星人力开发院高仁洙曾经举过一个发生在自己身上的例子。李健熙交给了高仁洙一个重要的人才任务，每年要从国际上挖掘50个S级人才（超级人才），用来解决技术上的重大问题。一次，为了去美国与这样一个人才见面，没有买到机票，于是他包了一架飞机过去了。因为高仁洙知道，李健熙绝对同意这么做。

1993年，启动新经营时，李健熙撤换了抵触改革的原秘书室长，任命玄明官为新的秘书室长，即三星的二把手，仅次于会长。玄明官当时进入三星才5年，属于那种"半路出家"的三星人，即从外部引进的成熟人才。当时，玄明官在三星没有根基、没有任何人脉。但在李健熙看来，只要是人才，在三星一定有机会。选择玄明官，相当于宣告"任人唯贤"。

李健熙从来不放过人才，玄明官对这一点深有体会："买东西贵了，李健熙会长可能会原谅你，但是人才没守住，一定会被骂死。"一次，玄明官花了很多钱把三星肥料拍买了回来,他觉得价格有些高,买贵了,内心很愧疚。对此,李健熙并没有指责他,反而安慰他。而没过几天,玄明官所负责的新罗饭店30个厨师、服务骨干被希尔顿挖走了,李健熙对此十分生气,狠狠地批了玄明官一顿。在十分重视人才的李健熙看来,这样的事情是不应该发生在三星公司的,这与他的人才理念背道而驰。

还有一次,三星电子的总裁被现代汽车公司挖走了,李健熙毫不退让、不依不饶,甚至找到了总统那儿,愣是把人又要了回来。可见,李健熙在人才上毫不含糊,很较真儿。

2002年,30出头的金炳国被提拔为三星电子副社长,负责全球营销与品牌。金炳国1999年才进三星,提拔金炳国而不是其他人,是因为他进入公司后,提出并力推的"三星统一品牌策略"获得巨大成功,三星也是自那时起,正式走上了高端品牌建设之路,成为了全球顶尖品牌。

1993年,三星新经营提出"复合化"战略,表明"多元复合人才是三星最需要的人才"。"复合化"这个词,本指的是产业之间的融合、产品之间的融合,指把不同性质的东西融合在一起,会创造出崭新的事物。以前摄像机、录音机、照相机、电视,都是不同的设备,现在一台智能手机把这些全部融合了,这就是复合化。

李健熙要求三星人才也要"复合化",学科技的要懂得人文,学人文的要懂得科技,三星明确提出三星人才要有"精通多元的专业能力"。1995年,三星建立"技术精英管理硕士制度",即面向复合化战略,选派富有潜质的理工科人才,与海外知名大学合作,培养管理硕士,简单说来就是既懂技术又懂经营的人才。

从三星的成长历程中,我们可以看到,三星更为注重的是长期坚守自己的人才理念——人才第一,并始终如一地将其贯彻到实践当中。只要是人才,在三星就有用武之地,只要是人才,三星绝不会放过。

5 三星的人才观

三星公司有自己独特的人才观，他们需要的人才不仅要有能力，还要能委以重任。三星十分重视企业内部的人才培养，这样的人才能更好地在三星承担重任。有人问三星中国会长李亨道："三星公司是如何克服金融危机的？"李亨道答道："三星公司没有更多的秘诀，就是以人才培养作为企业最重要的事情，让他们成为企业所需要的栋梁。"

在人才培养方面，三星公司拥有发达的教育体系。三星对员工的培训分为两种教育课程，一种是对员工的与业务有关的专业能力进行培训和提高，另外就是对员工进行充分的企业文化教育。新员工入职后，首先要学习入门课程，然后升级专业课程。除了这些基本课程，对核心人员还有其他的培训课程，目标是使他们成为具有全球竞争力的人。

三星公司下面拥有各种培训中心数十个，讲师也有数千人。培养人才的第二步、第三步就是给他们提供适当的业务，让他们在这样的位置上充分发挥个人的特长。三星公司从公司的高级领导，一直到具体的实施层，都给和其职务相关的权利，让他们充分发挥自己的特长。从最基本的职员开始进行各种教育，而且给他们相应的权限，这样他们做到 CEO 的时候，已经完全可以胜任能够创造数百亿韩元销售额企业的 CEO。

三星在有关人力资源上的投入比例，李亨道的估计是占销售额的 1% 的左右。这个数字不单是研修院这样一些机构的费用，三星培养人才，不单是在研修院，还在各个领域、各个方面进行了培训。

目前中国市场已经成为三星公司的重中之重，因此三星派了很多人到中国工作。在派他们来之前，要花一年的时间培养他们。先在韩国的研究院进行几个月的教育，再利用一年的时间到中国来学习汉语，对中国的文化进行考察、研究和学习。

除了人才培养，三星还有非常重要的一招，就是对员工所做的事情的结果进行比较公正的评价。如果他们自己认为得不到比较公正的评价的话，以后的工作就体现不出热情和投入。三星的目标管理是给员工一个目标，然后按照他的业绩来进行评价。

比如，CEO评价的标准。可以分成内部成果的指标和外部的指标两种。内部成果的指标分两种，一个是EVA（经济增加值）的标准，它是公司的自由资本和所创造利润的百分比。还有一个是他到底培养了多少个核心人力，这是人力成本的指标。外部的指标有股票的收益率、核心竞争力指标。

CEO的下面是事业部长的评价体系，内容就是他的业务的利润是多少、资金周转率是多少、产品的品质怎么样，还有6个SIGMA（西格玛）的进行情况是什么样，CEO提供的目标完成情况是什么样。评价以后，给他们提供相应的奖励。

三星的奖励制度分两部分，一个是关于集体的奖励，一个是关于个人的奖励。有关集体的奖励，三星有一个EVA的评价办法，如果他完成并超过了目标的话，超额部分的10%或者20%的部分可以作为集体的奖励。有关个人的奖励，按照他的业绩，可以在制定年薪的时候反映出来，也直接关系到他的升级。

关于三星的人才策略，李亨道坦言："首先，三星之所以能吸引大量的优秀人才，企业的形象起到了很大的作用。我们招的人才，都是在社会上有着一流发展前景的人。进入公司后，我们要对他们进行培养、教育，使其成为国际一流水平的专家，而且还要培养他的实战经验，担任相应的职务，并让他在权限之内可以做所有的决定，同时对在他就职期间取得的成就给予相应的报酬和鼓励。这种体制对吸引人才、留住人才是十分重要的。"

6 三星的"士官学校"

在李健熙的眼中，人才有着非常重要的地位。在他看来，一个企业拥有优秀的人才，并且能够使每个人都充分发挥他们的聪明才智，就能拥有强大的竞争力。所以，企业必须坚持以人为本的人才策略，网罗最好的人才，给他们最优越的待遇，给他们提供充分发挥潜力的舞台。

"人才第一"也是三星前任会长李秉喆的重要经营理念。为了培育人才，李秉喆于1977年创办了韩国最早的"研修院"——三星综合研修院。到了李健熙时代，三星更是设立"职业规划中心"来挖掘优秀的人才，成立龙仁研修院来培养核心经营人才。

人才对于企业的发展壮大起着决定性的作用，成功的企业不管是在理念还是在实际管理中都非常重视这一点。企业对于人才的吸引力依靠企业的良好声誉来提升，企业的良好声誉哪里来？良好的业绩、优越的待遇、美好的个人发展前景是企业良好声誉的构成因素。一个企业要能吸引人才，首先要建立能够吸引人才的企业品牌，并通过职前培训、进修深造的方式，将普通人才培养成为优秀人才，将优秀人才培养成为出类拔萃的人才。

三星的"士官学校"即三星人才开发院，是对职员和干部进行教育培训的机构。新进职员都要在三星人才开发院接受至少为期6个月的职前教育。三星著名的SVP课程里，每一位新进职员都要接受至少26天25夜的集训。通过培训教育学习，体验作为一名三星员工的基本素质，铭记三星的企业文化和价值观。

三星认为，只有让员工在入职初期接受良好的教育，才能使其更好地适应未来的组织生活。三星还设立龙仁研修院来培养企业的核心人才；通过 MBA 制度，从课长、次长等中层干部中选拔优秀者，将他们培养为集团的新一代领导者或 CEO。

众所周知，每个企业都希望得到员工的忠诚。但是员工的忠诚从哪里来？公司做了哪些事情可以换来员工的忠诚呢？其实，员工的忠诚来自四个方面的机会：做事的机会、学习的机会、赚钱的机会、晋升的机会。

做事的机会：允许员工犯错误，只要知错能改，能从错误中不断学习，不在同一地方摔倒就继续提供机会。这样，员工都可以在错误中不断成长，不断积累经验教训，逐步学习成熟。员工能够按照自己的意愿和方法去做，而不是上司让他怎么做就怎么做。只有这样，公司才能成为学习型的优秀企业。员工的经验是企业宝贵的无形财富。

学习的机会：安排工作时，优秀的管理人员不仅要强调工作的重要性，还必须让员工思考到做这件事情能从中学到什么，能收获什么经验、知识和技能。只有这样，员工才能在完成工作的同时思考、学习，真正地成长锻炼，启发员工的主人翁精神。在公司开展的正规培训之外，还要组织一些有意义的活动，为员工提供互相学习的机会和氛围。只有这样，员工才能视公司如家，感觉自己不只是为公司做事情，同时也是为自己在做事情。这样一来，员工把公司交给自己的工作任务，都会当做提升自我、锻炼自我的机会，这是为了自己的事业和未来。努力工作便轻而易举地成了十分自然的事情。员工自我价值的实现，为企业带来无穷的效益，也是企业的成功。

赚钱的机会：每个员工在企业中工作，其中的很重要的一个目的便是赚钱，能够劳有所得，得到相对合理的报酬，使自己和家人过上优裕的生活。只有了解员工的要求,薪酬得当,就算不能以最优厚的待遇吸引人才,也不能因为薪资问题而失去优秀的员工。一般来说,只要高于大部分同行,人们就会比较满意,很有优越感。人的满足感是相对的,人们的优越感往往来自于跟自己同学、朋友、身边的人的对比,跟人们所处的环境有关。因此对于员工来讲,薪资待遇只要相对优越就可以了。在中国,年薪10万人民币已经相当不错了,但是在美国,年薪10万美元也不过是普普通通的中产阶级而已。

晋升的机会:企业的管理人员都要拼实力,而不是拼关系。如果员工都觉得,晋升是拼实力的,只要有实力就有机会晋升,就有发展空间,就有奔头,大家就会为此而努力工作,一心一意完成任务,做好业绩,而不是绞尽脑汁、费尽心思地走后门、拉关系、找背景。关于选拔人才,创造一个相对公平、公正的竞争环境是非常重要的。

事实证明,如果一个企业能够做好以上四点,为员工提供做事、学习、赚钱和晋升的机会,员工便会表现出很高的忠诚度。

7 激励与使用人才

人类的需要是多种多样的,有生理需要、安全需要、社交需要、尊重需要和自我价值实现的需要,所以,对员工的激励方式也应该是多种多样的。企业领导不仅要满足员工基本的生活需要,还要利用激励手段激发员工的工作热情,挖掘员工的潜力,使员工实现自我价值,从而获得成就感和心理上的满足感。

在中国,许多企业经常对员工进行压力式的管理,比如,很多企业的墙上总是贴着这样的标语："今天工作不努力,明天努力找工作"。三星与此不同,它推崇用鼓励和引导的方式去挖掘员工的潜力,激发员工的工作热情,这种管理方式被称为"动力式管理"。

人跟动物不同,不仅需要物质激励,还需要精神鼓励。在中国,逢年过节,很多员工都给领导送礼,感谢领导在一年中对自己的关心和提拔。但是在三星恰恰相反,过年的时候,都是管理人员请客破费,感谢员工一年来对自己工作的支持和帮助,感谢员工为公司所做的贡献。无疑,对员工的赏识与感谢也是一种精神激励。这种现代化的管理理念,不仅让员工有归属感,还有对自己工作得到领导赏识的成就感。

在三星,如果某部门圆满地完成了既定的任务,经理都会认为部下功不可没,都会自掏腰包,请部下吃饭,以示感谢。公司管理层努力让员工对公司和自己的工作满意,使员工兢兢业业让客户满意,形成了良性循环。

对管理者来说,激发员工的积极性和上进心是一项非常重要的工作。好的管理者不会给员工压迫感,反而会让员工感觉实现了自我价值,自己正在为了自己的事业而奋斗。内在无形的动力比外在的压迫好得多。这种动力式管理,使得员工的工作热情空前高涨,工作效率提高,兴趣大涨。兴趣能激发潜能和创造力,企业的进步可想而知。

优秀的企业领导者都善于激励和使用人才。20年前,程天纵担任中国惠普总裁。他曾经向员工许诺,在他的任期内,希望中国惠普的所有员工都能"五子登科"。所谓"五子登科",就是拥有房子、车子、维持小康生活的票子、妻子和孩子。他这样激励大家:"只要大家都尽心尽力,我一定会为大家创造蒸蒸日上的生活和美好的工作前景。"程天纵说到做到,在他担任中国惠普总裁期间,花了很多心思来提高员工的薪酬待遇,员工的薪水翻了翻儿。公司的宿舍进行了房改,员工们都拥有了属于自己的房子。90年代的中后期,中国惠普的很多员工都拥有了私家车。这样的情况在那个时期是非常少见的。员工对公司的满意和对工作的热情，使得公司突飞猛进地成长，那些年成了中国惠普最辉煌的日子。

在企业重视人才、吸引人才、培养人才、激励人才之外，能做到合理地使用人才，才是真正的以人为本。合理使用人才基本遵循以下原则：

用其所长——作为公司的管理者，不仅要知道员工的基本技能，还要了解员工的特长，知人善任，扬长避短，发挥员工的特长，达到事半功倍的效果。让员工做他喜欢做的、擅长做的，员工就更容易在工作中做出良好的成绩，并获得工作上的成就感。

用其所思——作为实际工作中的员工，他们更容易发觉工作中的问题。作为管理者，必须随时采集员工有价值的意见和设想，并作为知识储备。

用其所愿——安排工作时，管理者要尽可能地考虑员工的个人意愿，努力为他们提供必要的工作环境，使他们达到最佳的工作状态，获得良好的人才效益和企业收益，比强行命令他去做什么事情要好得多。

用当其时——人一生中最才华横溢、精力充沛的时期能够做很多事情，能为企业做出意想不到的贡献。管理者应懂得捕捉人才的任用时机，大胆、及时地将其提拔到适合他的工作岗位上去，使人才充分发挥其创造性。

用当其位——知人善任是管理者必备的素质。人才只有放对了位置才能充分发挥其能力，施展其才华，从而使个人和企业都有所进步。

总的来说，企业管理必须把人才看成管理的主要对象和企业最宝贵的资源，以人为本，知人善任，充分利用动力式管理方式，努力提升企业的知识生产力。优秀的企业善于利用知识资源，即所有员工的聪明才智来创造财富，懂得激励和使用人才，使企业在激烈的竞争中持续发展。

"地区专家制度"+"未来策略小组"

为了培养国际化的经营人才,李健熙曾率先开创了"地区专家制度"。何为"地区专家制度"?在前面我们曾略提及过。它就是,在本公司工作满三年的单身人员中选出成绩优秀、具有国际化思维的核心人物,作为"地区专家",被派往海外考察学习一年。在这一年里,"地区专家"要去体验和感受那个国家的人文环境、文化风俗或者地区特征,并建立起自己的人际关系网。这种自由放任型的海外研修制度被称为"地区专家制度"。

三星通过"地区专家制度"搜集了全世界的大量资料,这些资料都保存在三星庞大的数据库里随时供人调用,为三星创造着巨大的财富。地区专家与当地各个层次的人群建立了非常紧密的人际关系网,即使他们回国,也能够及时了解当地情况。当其他企业还没发觉到拥有巨大消费潜力的新市场时,三星早已捷足先登,抢占先机。它通过地区专家建立的人际关系网和地区基础制定出了详细而周密的市场策略。

地区专家制度是李健熙为了三星公司适应国际化发展而开创的一种国际化人才培养机制。通过这种制度,三星已经培养了几千名国际化专家,从而进一步增强了其国际竞争实力。三星公司正是通过以信息基础为背景的战略性投资和主动性营销策略挖掘自身的潜力,从而成为备受世界瞩目的企业。

三星为了实现国际化竞争能力的提升,还设立海外分公司和研究机构,大量聘请当地的优秀人才加盟。这些人员不仅包括各个著名高校毕业的应届毕业学生,还包括一些曾在世界500强企业中做出过卓越成绩的重量级人物。这些人员一旦进入三星公司工作，如果有必要将会被安排去韩国三星总部接受相关培训，主要是进行企业文化和技术研发能力的培训。通过实行人才本土化的方式，三星在一定程度上加快了公司国际化的步伐。

为了加速与国际化的接轨，自1997年起，三星公司开始从全球著名的大学招募优秀的管理硕士和博士，组成了"未来策略小组"，该小组成员大都是世界一流大学的优秀MBA。成立未来策略小组的目的是为了广纳海外优秀人才，拓展集团内部国际化的视野，同时获取新的观念。

"未来策略小组"主要负责电子、保险、证券等下属企业不适合交给外人处理的事务，并为下属公司提供与海外企业经营相关的内部咨询服务。三星公司对于未来策略小组的成员要求非常严格，必须是全球十大知名院校的MBA毕业生，三星每年从这些毕业生中挑选出10位聘入公司。

三星在挑选该小组成员时不仅侧重于他就职的领域（主要是电子或金融领域），还要看候选人的生活背景。三星公司高定位的策略、精挑细选的严格程序，使得许多海外优秀人才对三星更感兴趣。

"未来策略小组"还是三星培养经营管理人才的重要源泉，如因在2002年成为三星集团第一位外籍董事而备受瞩目的戴维·斯蒂尔（David Steel），就是"未来策略小组"发掘、培养的代表性人物。

三星还创办了区域研究所，系统地积累并利用国外信息。驻外人员从国外回来后都要先在地区研究所工作一段时间，将在国外所获得的信息以及商业情况、文化习惯等方面的切身体会和见闻整理成系统资料。这些资料可以为三星公司新产品研发定位、进行针对性市场推广提供重要的参考价值。

为了对全球经济形势有整体的把握，并及时了解未来的发展动向，三星成立了三星经济研究所（SERI）。研究所的研究领域涵盖不同领域范围，从韩国高技术产业发展到研究塑造亚洲经济商业环境的战略驱动因素、趋势和问题。这也是韩国最大的私营智囊团。

三星经济研究所主要研究中韩两国经济问题分析、来自"SERICEO"管理咨询和预测、高级 SERI 研究员有关利率方面的有前瞻性的研究，以便于做出合理的战略性决策。三星经济研究所近年加大对世界各国，尤其是加大对三星公司业务发展影响较大的国家的研究力度，扩大了与其他国家研究组织的联系，不断拓展自己在全球的成员基地和网络。三星经济研究所从全球的视角分析世界经济，为三星公司发现更多的发展机会，避免潜在的危机，为实现国际化提供信息支持和决策保证。

第八章
独特的三星文化

领导风格造就企业文化

《财富》杂志在一篇名为《三星的点金术》的文章中说:"这个曾经只会模仿他人的韩国巨人如今拥有资金、市场份额和阵容强大的新产品,现在它想要的是尊重。"现在,三星通过自己理性的管理和完美的运作已赢得了全世界的尊重。现在,三星成功加冕,王位稳坐,它的成功已经成为中国无数企业家眼中的传奇和教程。

罗夫·卡森说:"企业的命运决定于领导者的领导能力。"无疑,三星的成功充分证明了这一点。李建熙领导了三星公司几十年时间,他有着自己独特的领导风格,这些领导风格直接决定了三星的成长过程和战略决策方向。李健熙的个人领导特质可以归纳为六点:

1. 强烈的社会责任感。社会责任感是企业家灵魂的体现,李健熙时刻

◆ 领导风格造就企业文化

以和谐共存、回报社会为己任，在他看来，企业只有拥有了高度的社会责任感，才能赢得顾客和整个社会的支持和尊重。

2. 偏执狂般的危机意识。李健熙总是心怀危机感，他曾经说过："如果只对眼前的成绩沾沾自喜，那么三星随时都可能陷入到危机之中，因此必须仔细思考三星未来10年立足之本，并时刻为之做好准备。"他相信乐极生悲，认为危机总在自满时降临。这种忧患意识使得他居安思危、不骄不躁，使三星公司在危机四伏的市场中充满竞争力。

3. 投资决策十分果断。在很多人不看好的情况下，李健熙对三星果断地进行改革。他曾说："改造三星，是赌上我生命的工作。"

4. 冷静的思考。静而安，只有心静的人才能做出理性而客观的决策。一个人内心静到一定程度，经过反复掂量、比较、判断，才能进行正确而成熟的决策。

5. 孩子般的好奇心。当我们还是孩子的时候，我们玩石头、造树屋，探索大自然，长大后我们在做着各种各样的事情实现自己的价值，成就自己的梦想。不管我们正在从事什么职业，我们应该仍然抱着孩子般探索的好奇心去了解这个世界。

6. 勇于承担责任。权力越大，责任就越大。公司的领导必须要为错误和决策承担一定的责任。

李健熙独特的领导风格，造就出了三星优秀的企业文化。三星公司不仅拥有集体主义和对组织与上级无条件忠诚的企业文化，还拥有鼓励创新、包容不同事物的企业文化。这两种文化看似有不可调和的矛盾，实则不然。这种东西合璧的企业文化，使得三星拥有其他企业无法拥有的独特竞争优势。

集体主义能够团结人心，凝聚力特别强。心往一处想、劲儿往一处使，这样强大的合力不是每个企业都能获得的。员工的忠诚充分保障了某些重大决策和战略规划的顺利执行。而开放创新的企业文化又保证了三星公司能够源源不断地从外界汲取力量，吸纳各种新鲜事物，吐故纳新，与时俱进，在稳定中求发展。

除了这些，三星的企业文化中，还透着一种强烈的爱国主义和民族主义情结。不可避免，三星的企业文化中也有一些不利因素，比如，过分依赖韩国本地人，让其担任公司的各项要职，过分强调对公司和组织的忠诚。但是不可否认，这种东西结合的企业文化为三星公司的飞速发展提供了原动力，成为其开拓创新的力量源泉。

2 "三星标签"

在韩国，"三星出身"、"三星标签"是商界和职业生涯的通行证。

如果一个人在三星工作，不仅他的工作令人羡慕，他今后的职业生涯也将大大得益于三星。三星人给人的印象是，西装革履，步伐匆匆，长相帅气，业务能力一流，工作起来干净利索，事业前途无量。如今，三星出身的在韩国商界、金融界成功的人大有人在。在韩国COSDAQ上市的公司中，相当一部分老总都出自三星。

"三星标签"在韩国商界、财界备受欢迎的原因，在于三星人深谙一流的价值和分量。三星的工作经历，让他们深深懂得，为了在社会上和业界达到"一流"、保住"一流"地位，就要努力去实现目标。因此，社会一致认为，三星出身的人不仅目标明确，而且他们一旦确定目标，就会稳扎稳打、步步为营地为实现目标而奋斗。

这种"一流主义"来源于十多年前三星会长发起的一场"新经营运动"。

"我就任以来，一直在思索当今世纪末叶的情况以及三星所处的位置。我深刻认识到，三星如果不能成为一流企业，就将陷入危机。" 1992年6月，上任只有5年的三星集团会长李健熙先后在伦敦、法兰克福等地演讲。他说：从1992年开始以来，"这种危机感常使我身冒冷汗，彻夜不眠。三星如果安于现状，别说是想发展成为世界超一流企业，就连三流也保不住，我们的确处在悬崖之巅。"

1993年，李健熙会长提出了以"质量管理"和力求变革为核心的"新经营"管理原则，彻底改变当时盛行的"以数量为中心"的思想，而且强烈的危机意识促使三星进行了事业结构、人才培养、产品设计和生产、流程控制等各个方面的变革，从而成功克服了亚洲金融危机，并在国际市场上脱颖而出，成为亚洲经济的奇迹。通过1993年到2003年10年的"新经营运动"，三星成为韩国的第一大企业集团。在这10年中，三星的销售额增长了3.4倍，资产负债率从291%降低到了68%。

这10年也是三星人拼命奋战的10年。"那时我要和女朋友约会，约了三次，都因为工作忙取消了约会，直到第四次才见到了。那位女朋友就是我现在的夫人。"三星一位员工以自己的事例，半是苦笑半是自豪地说明了那时在三星的工作状态。

"三星蓝皮书"

三星翻天覆地的变化，要追溯到李健熙十多年前的讲话。

他在世界各地的讲话以及企业变革的阐述后来浓缩成了5万字左右的《三星新经营》小册子。这个小册子堪称"三星蓝皮书"。"三星蓝皮书"

从 1994 年出版至今总共印刷了多少册,这个数字已经很难考证,不过,它的地位在三星公司内部员工中相当于"三星宝典"。"三星宪法"是"三星蓝皮书"的灵魂思想。就如同宪法是一国的根本大法,并优先于其他所有法律一样,三星把人性美、道德性、礼仪规范和行为规范看成是三星宪法,是必须遵守的。

在李健熙看来,不成为一流企业就难以生存,而要发展成为一流企业,最迫切的课题是恢复人性美和道德性。不恢复道德性,不挽救人性美,就将一事无成。这就是李健熙的信念。而三星要发展成为实实在在的世界一流企业,首先最重要的是所有职员都要成为具有人性美和道德性、重视礼仪规范的人,否则三星将永远摆脱不了二三流的水平。

何谓人性美?李健熙会长举了一个经常看到的例子:无论我们怎么忙,即使是为赴约而奔跑的时候,如果见到小孩摔倒了,也要停下匆忙的步伐,把孩子扶起来才是正理。他认为,类似这样的行为就是人性美。

人要是没有人性美就不行,要更重视信用,要珍视人性美。在这个意义上,能否实现某一目标并不是问题。如果三星不是一个人性美的集体的话,即使钱赚得再多,他也不会开心。这就是李健熙的真实想法。

李健熙对道德性的解释,与中国的古训"勿以善小而不为"有异曲同工之妙。他说,无论是多么小的东西,无论是自己的或者别人的都要珍惜,可是企业内部现在浪费的却大有人在——生产线上需要找工具或图纸的话,经常是不在原位,零件箱也是杂乱不堪没有整理好,这就是浪费现象。

李健熙说:"即使是人们到别人家的时候,如果看到什么东西掉了,还会捡起来放到原位,而为什么在自己的车间里就不能做到呢?这就是缺乏道德性。而缺乏道德性的企业一定不能生产出好产品来,即使生产出来了好产品,这个企业也不会长久。"

 "第一主义"原则

三星公司创始人李秉喆曾在他的自传《第一主义》这样写道:"要做就做到第一,不然就退出。"这种破釜沉舟的剽悍之气,不是一般人所能想象的。在各种企业活动中,李秉喆对"第一"的荣誉十分看重,他鼓励人们力争第一。第一制糖、第一毛织都是以"第一"命名的。可见,李秉喆对"第一"是多么的执着。1993年,李健熙也提出了"第一主义"的目标,他要求三星要在自己经营的所有领域都勇追第一,成为每个领域的领头羊。可见,"第一主义"是三星的基本目标。

做就要做世界第一

1992年2月,李健熙在美国洛杉矶考察时,看到三星的电子产品被放在卖场不起眼的角落。这深深的刺痛了李健熙,意识到"如果不成为世界第一,企业根本无法生存下去"。

◆李健熙坚持"第一主义"原则

在三星人眼中，第一主义是指追求"目标第一"、"实业报国第一"、"人才第一"、"信用第一"，争取在每个领域都做到"第一"。在三星人看来，人需要拥有鸿鹄之志。三星人相信，只要努力付出，一切奇迹都可能发生。梦想有多大，舞台就有多宽。他们不断挑战新的目标，争做自己所擅长的一把手，开拓创新，为公司和社会奉献自己的力量。

三星壮大的关键不是资本，而是意志坚定、品格优秀的人才。三星一直坚持"人才第一"的人才策略。"人才第一"就是将第一的人才用于第一目标的实现，以取得最好的成绩。三星尽自己的全力，网罗一流的人才，人尽其用，知人善任，给他们最优越的薪资待遇，挖掘他们的潜力，为他们打造最耀眼的舞台。

不管是企业还是个人，没有信用是注定会失败的。三星一直坚持"信用第一"，信用高于一切。三星公司汇集了各个领域的精英人士，努力创造最好的产品质量，提供最佳的服务，从而赢得最高的信誉。

李秉喆认为，企业经营不善等于"犯罪"。三星从上到下信奉"完美主义"。完美的品质，不仅指要求产品质量卓越，还要求服务到位以及企业各个方面运营完善。因此，不仅仅是对生产，对销售、管理、采购等每个环节都要进行质量管理，并且管理要尽可能地科学。从拟订企业计划之初，到计划的实施、竣工，都要贯彻落实，力争完美。

为了完善企业的经营和管理，从社长到基层员工都必须尽自己所能做好分内的工作。三星人都要有主人翁的意识，扎实工作，各司其职，成为各自的岗位上的专家。在三星，每个人都要有责任感，敢于承担责任，不推卸责任，为三星的强大竭尽全力。

1983年，三星投入VLSI（超大型积体电路），成立三星通讯，决定发展半导体产业。这是已经74岁的李秉喆为三星集团设计的未来。由于韩国当时并没有相关技术，三星的唯一选择就是和美国的Micron、日本的夏普合作。为了赶上当时日本的生产速度，三星24小时赶工，半年时间就盖好第一座工厂，破了18个月工期的纪录。

三星真正在DRAM方面超越美、日同行，是在20世纪80年代末至90年代初——此时正值全球IT业循环到低谷时期，所有业内人士都因为看不清前景而不敢贸然投入研发。没有技术基础的三星却在李健熙的坚持下，在1Mb DRAM到4Mb DRAM上投入大量资金。当IT业复兴之际，三星稳步获利。

为了在竞争中保持领先的优势，在半导体产品的研发方面，三星要求自己必须领先日本同行企业3—6个月。持续领先了四年后，产品开发的时间差延长到了一年，日本同行企业在三星面前彻底失去了竞争力。这有点像龟兔赛跑，兔子睡觉的时候，坚持不懈的乌龟便领先了。在国际数据公司半导体研究部副总裁玛利奥·莫瑞斯看来，三星的成功并不仅仅靠运气，还依赖于它卓越的战略制定能力以及强大的执行力。

一般来说，在代工方面，中国大陆和台湾比韩国在成本方面更具优势，可是却没有韩国企业的技术优势。这是为什么呢？很显然，中国企业更倾向于不断降低成本，以获取更多的利润。但是在三星，品质是放在第一位的，它不断引进新技术，正确决策和判断未来技术的发展方向，在品质方面遥遥领先，由此创造出盈利的空间。

半导体业务曾一度获利丰厚，曾经有分析师给三星提出了这样的建议：把核心业务放在半导体业务上，将其他部门全部出售，这样能取得更多的利润。这个建议并没有被采纳。对此三星CEO尹钟龙说："你们看到的是当下的获利，我要看的是三星未来五年、十年的计划。"

1995年，三星刚刚开始销售手机的时候，有很多次品。对此，李健熙下令回收全部15万部手机，这些手机价值共150亿韩元。为了提高三星产品的质量，李健熙下令将这些手机全部焚毁。对于产品质量，李健熙没有丝毫的侥幸心理，他甚至要求三星内刊以"摄像机出动"为主题，现场突击检查三星产品，发现和销毁残次品。2002年，在一次突击检查中，新罗饭店没有达到李健熙的要求，李健熙便以闪电般的速度撤换了它的所有经营团队。

为了不被欧洲手机巨头们远远甩在后面，三星谨慎而开放地进行决策和选择。那时，CDMA技术还没有成为主流，三星大胆地选择了这一技术，很快，他们成为这一领域的霸主。仅2002年，三星推出了至少120款手机，市场占有率迅速上升为世界第三，不仅如此，三星手机的单价和利润都比诺基亚高。

三星在手机业务上，从不拘泥于过去，大胆创新和改革。比如，三星的手机产品一度从销售大户沃尔玛中撤出。虽然，短时间内，其销量会大大减少，但是表明了其告别廉价品牌形象的决心。不出所料，消费者对Samsung的品质进行了重新审视，大大提升了三星手机在用户心目中的档次。

在三星，处处都能看到"完美主义"的影子。它要求员工不仅要有责任感，还要有主人翁意识。完美主义是三星经营理念和精神的具体体现，缜密完善的企业计划、科学的管理制度以及从上到下的品质管理，使得三星成长为一个务实的一流企业。

5 "执行是成功的保障"

作为非常传统的韩国家族企业，三星充斥着浓重的集体主义的精神。它强调权威，上下级之间像是家长关系，绝对的权威保证绝对的执行力。

这种执行文化在三星随处可见，在酒桌上，很多三星职工都会喝"衷心酒"。

三星集团中国会长李亨道曾说："三星的每个员工都应该有自己的梦想，而公司的每一个发展目标也都很具体。在此基础之上，公司给予员工一定的启示与指导，公司与员工一起努力，公司的发展与员工的发展联系在一起，如此一来，员工们肯定会觉得在这样的企业工作而感到自豪，最终梦想成真。"

李亨道说得一点也没有错，三星公司在人才培养和激励方面，素来都是保持着较为高效的执行力。

此外，三星之所以拥有这样强大的执行力，跟它的超强纠错能力有着密切的关系。在肯定自己的优势和成就的同时，三星人勇于正视和改正自己的失误，不骄不躁，时刻保持扬弃的态度。在金融危机来临前，韩国的很多企业都蒸蒸日上、朝气蓬勃；但是，在金融风暴中，负债经营、业务繁杂等问题凸显了出来，很多企业没有及时纠错，葬送了自己的前程。但是，三星能及时纠正错误，大胆改革，率先重组，金融危机不但没有埋葬它，反而促使它更加强大。

三星超强的执行力很大一部分得益于它超强的纠错能力，而这种勇于改正错误的能力来源于坚持不懈的改革和持续不断的调整。在这个瞬息万变的时代，同行之间的竞争非常激烈，如果一个企业总是墨守陈规、一成不变，很容易被淘汰。每个人的精力都是有限的，每个企业的力量也是有限的，只有有所专，才能有所得，什么都想抓，反而什么都抓不住。企业不能分散力量做很多事业，而必须做自己专长的核心事业，其他的可以外包给专业部门。所以，为了让企业适应外界不断变化的环境，使其健康地发展，经再三斟酌，三星果断放弃了一些无发展前途的事业，专心壮大具有良好前景的事业。

超强的纠错能力得以完美的发挥，跟三星独特的监查制度不无关系。

企业壮大，业务增多，不可避免地会有员工做一些违法违规的事情，这样一来，不仅破坏了企业良好的风气，还会给其他员工带来坏的影响。所以，三星十分重视廉洁，公司配备了专业的人员对此进行调查监督。

关于三星企业文化的核心所在，李亨道曾解释过："第一是培养优秀人才，让他充分发挥自己的能力；第二是三星一直主张要成为世界第一，不论是事业，还有专业技术方面。第三是保持组织的清洁度，三星对企业内部的管理非常严格。杜绝企业经营发展过程中的影响公司利益的各种不良行为。第四是非常重视人才的聘用。"三星公司在聘用员工时不看他的学缘（同一个学校）、地缘（同一个地方）、血缘（同一个血统），比较客观地评价其能力与业绩。

虽然，这样的企业文化拥有极强的执行力，使三星在上传下达上表现得异常坚决和快速，但也遭到了一些管理人员的质疑：这样的权威包括太多的集体主义，权责不明；过分地强调服从和忠诚，会影响员工的创造性；过于浓重的传统色彩不利于与国际接轨。

 "新经营理念"十周年

1993年，三星集团会长李健熙提出了"新经营理念"，以提高产品质量，改革创新。这一理念使得三星成功走出了亚洲金融危机，走上了国际市场，并取得了良好的成绩。2003年6月5日，为了庆祝"新经营理念"诞生十周年，李健熙与三星旗下各子公司的CEO在韩国新罗饭店欢聚一堂，共同庆祝。

李健熙再次强调说："适者生存的法则将在世界舞台上演。全球领先

企业将会超速发展,而二流和三流企业将远远被抛在后头。"李健熙一直要求三星在各个领域都要做出最好的成绩。在他看来,三星必须生产出一流的产品,否则,很难在这强敌如云的国际市场中生存下去。

回顾十年中三星所取得的成绩,果不负众望。十年时间,三星集团发展成为韩国第一大企业集团,旗下有3家公司进入世界500强企业。三星年营业额增长了3.4倍,利润增长了28倍。2002年,三星出口商品价值共计312亿美元,占当年韩国总出口量的20%;营业额为141万亿韩币(按当时汇率约合1190亿美元),占韩国GDP的25%。

在产品设计和生产方面,三星电子表现最佳。它着力于产品设计,不断推出先进的产品,取得了重大的成就。三星DRAM、TFT-LCD以及显示器等共19种产品在全球市场销售中居首位。优秀的产品、出众的销售业绩带来了三星品牌价值的飞速提升。在由美国专业品牌调查机构INTERBRAND公司和美国著名的专业经济杂志《商业周刊》主持的"2002年度世界100大品牌"的评选中,三星电子以83亿美元的品牌价值位居34位,较2001年提升了8位,并以30%的增长率成为全球品牌价值提升速度最快的公司。

21世纪,国际竞争日益激烈,市场情况变化莫测,三星管理者们居安

◆ "新经营理念"十周年

思危，时刻保持危机感，继续实践着"新经营理念"。三星试图建立完善的全球人力资源管理系统，培养和吸引优秀的核心技术人才。三星寻求新的业务增长点，建立了完善的经营结构，为客户提供领先世界的产品与令人满意的服务，并因此获得了最强的国际竞争力。三星人时刻将责任挂在心头，不仅有对自己、家庭、企业的责任，还有对社会的责任，他们通过提升企业和产品的形象，为社会的发展贡献自己的绵薄之力。

1993年，李健熙大刀阔斧地拉开了新经营的序幕，今天仍在继续。新经营是一场"现在进行式"的改革，随着国际市场的变化，它不断地变化着。李健熙利用这一理念，将三星发展成了世界一流的企业。管理学家们认为，"新经营理念"的本质就是"一流经营"。

李健熙亲自为三星集团的发展描绘了新的蓝图：2010年的营业额要达到270万亿韩币(当时约合2247亿美元)，比2002年的营业额提高近一倍，将三星的品牌价值提高到700亿美元，并且，将三星的世界排名提升为第一名，世界市场占有率提高到第一名，产品研发达到50种。三星的长期目标是要成为"世界上最受人尊敬的企业之一"。可是，三星是如何做到一流的呢？

三星之所以成为世界一流的企业，与"对标学习"的理念不无关系。三星最有名的学习对象是索尼。除此之外，还取长补短，采诸家之所长，比如在生产管理方面学习惠普、在创新管理方面学习3M、在库存管理方面学习西屋电气等等。

比较经营是三星产品走向世界，成为世界一流的重要基石。三星建立了比较展示馆，并广泛收集各个门类中的最新、最先进的产品，包括GE的双门冰箱、索尼的电视机等等。每个部门都设置了竞争的对象，并拟定超越日程表。监察组定期检查产品研发的进度，并对各部门领导者的绩效进行评估。

21世纪之后，一些中国公司发展壮大，比如海尔。中国企业的产品不断地出现在了比较展示馆中。在李健熙看来，中国企业迅猛发展，正一步一步成为三星强劲的竞争对手。为了提高三星人的危机意识，李健熙命人将中国公司的一些产品也放入比较的行列，以警惕来自中国公司的威胁。

第八章 独特的三星文化

第九章
三星帝国的崛起

1 三星的专注和创新

虽然三星在电视机市场占据主导地位,它的洗衣机也很畅销,但真正使三星像迪士尼或丰田汽车一样成为世界知名品牌的,是三星智能手机。

也许三星现在还称不上是苹果那样光芒四射的品牌,但它对抗苹果的战略正在取得成功——其 Galaxy 系列手机销量已超过 iPhone。

除苹果之外,三星或许是唯一一家只要发布新产品就能引得拥趸者在店外排起长队等候的品牌。2013 年 3 月 14 日,其 Galaxy S IV 在纽约发售时便是如此盛况。

三星电子是三星集团最大的一块业务,而整个集团的产值占到韩国国内生产总值的 17%。三星在 80 多个国家雇用了 37 万名员工,但没有哪个国家像其本国这样,能感觉到它的无所不在。在韩国,三星俨然成了第二政府。

最近几十年,西方发达国家已经不流行大型企业集团模式。可三星与 Gulf+Western、Sunbeam 及其他著名大集团的不同之处在于,它把东方文化里的专注和应变作风发挥到了极致。

"三星像个军事化组织。"新加坡国立大学教授、《当索尼遇到三星》一书作者张世真说,"公司 CEO 李健熙自行决定前进方向,无须经过讨论,手下人只要执行命令就行了。"

"三星就像一只上了发条的钟表。"Sanford C,Bernstein 分析师、2004—2010 年期间曾在三星业务战略部门间断任职的马克·纽曼也说,"你必须遵守规则，否则，来自同事的压力会让你受不了。如果你不能遵照指令办事，你在这家公司就待不下去。"

此外，与LG、现代等韩国大型企业集团一样，三星在拓展新产品类别时，所采取的严格程式的第一步就是从小做起——着手制造目标行业的关键零部件，如微处理器和存储芯片。这种关键零部件一般需要比较高的制造成本，但是提高关键零部件的质量，就自然提高了关键零部件的门槛，让低劣的产品没有竞争力可言。这其实是限制竞争很有效的手段。

超越索尼，青出于蓝而胜于蓝

1980年，作为亚洲四小龙代表的韩国企业曾是中国公司的榜样，但1997年的金融风暴拖垮了现代集团等财阀型韩企。只有三星异军突起，成为继索尼之后亚太领域少见的"令人尊敬"的全能型高科技集团。

其实，当年在就任总裁后不久，李健熙就雄心勃勃地宣布，一定要将三星发展成为21世纪世界

◆ 李健熙夫妇

◆ 李健熙会见李嘉诚

超一流企业。不过,当时谁也没有把这位年轻老板的话太当真。

短短数年之后,他在韩国的经济界却具有一言九鼎的权威。美国《新闻周刊》刊登文章,用"幕后帝王"一词来形容他,认为他在韩国经济界的地位可与韩国总统在政界的地位相媲美,可以说是韩国的"经济总统"。这位当初并不被人们看好的家族产业继承人,塑造了一个令父辈们也叹为观止的全新产业帝国。

《时代》周刊撰文指出:"1997年前,消费者如果买不到索尼和三菱的电视和录像机才会购买三星的产品,但在1997年后,三星的家电产品已经在品质方面与日本公司不相上下,而且价格相对低廉,得到了消费者的青睐。"据此,文章很谨慎地做出了三星将超越索尼的预测。而李健熙给三星电子设立的目标则更为直接、明确,那就是:超越索尼。

索尼2001年的销售收入为585亿美元,而三星电子2001年的销售收入为244亿美元。

李健熙希望在2005年以前,三星在全球的销售收入能增长两倍,从而一举超过索尼。

但在2002年4月2日,三星电子公司的股票在美国纽约股市的市值,就已经超过了索尼。当时,三星公司的市值为65兆6800亿韩元,索尼则为63兆5600亿韩元,差额达到2兆1200亿韩元。此消息一传出,韩国、日本和美国的新闻媒体纷纷做了报道。韩国人虽然已经感觉到三星电子是国内企业的佼佼者,但能够超过索尼,还是出乎大多数人意料的。

2002年,三星集团的总收入为1168亿美元,占韩国国内生产总值的23%。集团中盈利最丰的三星电子,较之2001年的利润多了高达60亿美元,比Intel同期盈利几乎多出一倍。

2003年,包括LCD、显示器、CDMA手机和内存芯片在内的12种产品,韩国三星集团在全球商界中的市场占有率达到全球第一,以多项尖端产品和技术继续保持在数字领域的领袖地位。三星电子着实让整个世界都为之惊艳。

索尼总裁出井伸之不无忧虑地说:"三星电子在零售部门的业绩已经超过我们。"号称世界上最为自负的索尼公司在此时此刻都有了紧迫感。

3 对日本的冲击

20世纪70年代,三星还在向三洋电子公司学习晶体管、收音机和电视的生产技术,但如今三星的市值竟然超过了索尼。无疑,日本人惊愕于这一事实,因为索尼被称为"日本的骄傲",是具有象征意义的公司。

一直到1993年,三星电子在日本人的心目中还只是世界市场中的一个韩国财阀,但不到10年,三星就已经和世界最大的家电企业索尼平起

◆ 李健熙与亚洲首富李嘉诚

平坐了。

由于三星后来者居上,索尼降为世界家电行业的次级企业,自身的位置也成了问题,索尼不得不忧心忡忡了。索尼对自己的担心并不是空穴来风,因为他们清楚地知道,韩国的浦项制铁学习日本技术后超越了日本新制铁公司,已经一跃成为世界最大的钢铁公司之一。

索尼的系列公司之一——美国哥伦比亚电影公司的影片《蜘蛛侠》正式公映。在影片中,美国时代广场大厦的三星电子广告被"今日美国"广告取而代之。这个大厦在影片中共出现了三次,别的企业的广告都没有特意安排,唯独三星的广告做了特别的更换。索尼对三星的警惕和排斥从这一细节上可见一斑。

不仅如此,在推广《蜘蛛侠》的电视广告中,索尼还把三星电子的广告变为其他公司的手机广告。索尼的不安开始明显地表露出来了。

三星李健熙会长为了避免刺激索尼,让社长团克制自己的言辞,严令下级要注意言行。公司副会长尹钟龙还向出井会长问候,表示出消除误会的礼节性意图。

2003年4月22日,正当上述消息在日本和韩国引起轰动的时候,三星电子在日本的分公司"三星日本"迎来了一位尊贵的客人——三洋电气的会长井植敏。

34年前,即1969年,李秉喆会长曾经以定牌生产(OEM)的方式使用三洋电气的商标生产12英寸黑白电视机。当时,向三星传授技术的正是三洋电气的创始人井植岁男,也就是这位现任会长的父亲。

现在,井植敏访问三星,想知道的却是"三星为什么能战胜索尼"。当年不能自主生产黑白电视的三星现在反过来要向当年的老师传授技术以及经营方式,老师不得不向学生低头了。虽然这只是一个象征性事件,但已经说明了一些问题。

日本的电子产业至此受到了猛烈的冲击,而三星辉煌业绩的取得,离不开众多公司领导层的努力,这其中包括三星电子的副会长尹钟龙,还有像半导体部门总经理、数码媒体总经理、数码电器总经理、手机及情报通信总经理、组织调整部门经理等人。但其中李健熙会长的作用可以说是最不可忽视的。

李健熙提出的半导体开发模式、手机通话及终结按钮的设定等方案,还有年薪最高为利润的50%和绩优股选择权等多样性的革新经营等理念是三星电子成为世界一流企业的最重要因素。

4 对中国的影响

邓小平南巡讲话之后,在珠江三角洲一带迅速涌现出一大批消费电子

◆ "先知领导"

李健熙因极富远见被一些西方媒体称为"先知领导"。三星之所以能抢在索尼前实现突破,即得益于李健熙20多年前的远见。当时李健熙观察到日本企业在数字科技上的短板,客观上为韩国企业创造了超越的机会。

类的创业企业。这一方面缘于新兴行业的高利润驱使,另一方面,1993年,还是一个日本品牌垄断中国家电市场的年份,一群有抱负的民营企业家,憧憬着在这个领域"师夷长技以制夷",打破日本的垄断,建立起中国自己的品牌。

而在近邻韩国,此时也有一个人有着同样的抱负,这就是三星集团的会长李健熙。在电子产品领域,当时的三星与中国大多数企业面临相同的困境——品牌被视为廉价的代名词、没有自己的核心技术、以产量规模谋求低价竞争等等。

尽管1993年三星已经在天津设立了生产厂,但李健熙这个名字在当时以及之后很长一段时间内都没有引人注意。直到十几年后,随着三星品牌,特别是三星电子的崛起,他才开始频繁出现在中国企业家的视野。

2003年,三星连续两年被美国《商业周刊》评为全世界成长最快速的品牌;2005年,三星的品牌价值达到149亿美元,牢牢占据着世界家电业的头把交椅；同年 7 月，在财富 500 强排名中，三星电子以 715 亿美元的销售额、94 亿美元的纯利润，再次超越索尼，成为全世界 IT 产业中纯利润的第一名。这一连串梦幻般的数字无不让人为之倾倒。自此，三星电子也正式成为了亚洲的新兴标杆企业。中国企业家艳羡之余，纷纷把目光投向隐身于三星背后的李健熙。他们想知道，究竟是什么让这个原本和自己站在同一起跑线上的韩国人，做到了他们想做而没能做到的事情。但无论如何追根溯源，研究分析比对，三星品牌神话的原点，就在于李健熙对品质、对技术的追求。

李健熙曾当众烧毁了 15 万部不合格的手机，这个故事与中国的张瑞敏用大锤砸冰箱一样有名。由此可见，不论国别，对于品质的追求，是渴望摆脱竞争劣势的企业家首先会思考的问题。而李健熙和其中国同行的差别在于，他所追求的"质"，并非仅仅意味着产品制造能力的精益求精，而是提升到了更高的层面，即核心技术的进步与领先。

李健熙对电子技术表现出有异于一般企业家的狂热。他把自己家中的地下室装配成一间尖端产品实验室。所有三星电子开发出来的新产品，全球各地的最新锐产品都会被送到那里，他常常花费十几个小时独自一人拆卸组装，比较分析。

在李健熙看来，建立企业持续竞争力，首先要改变核心技术上受制于人的状态，"三星时刻都应该生存在这种紧迫感之中"。因此，三星每年将销售额的 8% 投入研发，在一些核心产品如半导体存储器、CDMA 手机、液晶显示屏上的投入甚至超过 10%。即使是在亚洲金融风暴期间，研发投入也没有减少。李健熙说："忽视研发，就像农夫因为肚子饿而吃掉种子一样危险。"

与三星相比，即便是国内领先的家电企业也显得相对保守。如技术觉醒较早的美的、海信等企业，年度研发投入基本维持在销售额的 3%—

5%。TCL集团曾经仔细分析了三星的技术发展之路，指出三星的腾飞，就是源自于DRAM存储器在20世纪90年代就做到了世界第一。

但遗憾的是，总是寄望于先做大规模再发展技术，长期纠缠在价格战、无根基的品牌炒作的中国企业奋起直追之时，三星电子已经陆续有8个核心产品的占有率实现了全球第一。结果必然是彼此核心竞争力的差距越来越大。

中国内需市场的超大空间造成了国内管理者在技术发展上普遍存在惰性。与研发投入相比，品牌推广上的投入在短期内就能够见到成效，更符合国人急功近利的心态。

此外，李健熙最著名的品牌策略是奥运营销。韩国媒体曾评价说，自从1996年李健熙当选为国际奥委会委员后，三星就穿上了"最尖端数字企业"的新衣。通过赞助奥运会，三星把自己的名字，特别是Anycall的子品牌印到了全世界。到2005年，Anycall手机的外销量几乎达到1998年的20倍。

体育营销近年来在中国国内方兴未艾，因此三星在这方面高投入高回报的经验受到热烈的追捧。但少有人关注的是，作为战略合作伙伴，三星还担负起了奥运会所有的无线通讯任务，如果没有跻身一流的技术能力，资金再雄厚也是枉然。

另一个对于三星品牌经营发挥了"四两拨千斤"效用的是成功的工业设计。李健熙在1995年为三星确立了品牌高端定位的新战略。10年后三星实现了对索尼的超越，这并不意味着它已经在技术上获得了全面领先。如奉行速度和创新的李健熙所言，随着数码时代的来临，"设计是二十一世纪获得成功的关键"。

无论是技术、设计，还是营销，手机都被认为是三星最为成功的典型案例。在新经营十周年的纪念影片中，Anycall手机是唯一登场的三星产品。

双屏、滑盖等多项首创，使 Anycall 屡获国际工业设计大奖，价格上也一直保持高档定位。

为国人所津津乐道的广告推广、体育营销，这些喧嚣热闹的表面之"术"，只能触及李健熙打造三星品牌神话的皮毛，他们所缺失的，是这背后隐藏的尖端技术和工业设计，这才是直接为三星带来高利润率和现金流的内在之"道"。

新经营十年，三星由"尾随索尼"走向了"打败索尼"，中国企业对于学习三星表现出比学习日本企业更浓厚的兴趣。有人分析这种现象时说："三星的品牌传奇之所以让中国企业家津津乐道，在于他们几乎是眼睁睁地看着三星一步一步地从二流品牌脱胎换骨为一个超级品牌的。"

学习三星的学习能力是很多中国企业正在做的事情。TCL 董事长李东生在接受媒体采访时曾表示要学习三星在核心技术能力、产品制造能力上的建立和积累。事实上 TCL 从 2003 年已经开始从技术、品牌、战略、创新、速度、危机意识等各个角度全面对标三星，也制定出了超越的时间表。海尔的张瑞敏、联想的柳传志、用友的王文京也都表达了各自企业对三星在人才、创新、国际化等方面的借鉴。

活生生的榜样更具诱惑力。正如 TCL 董事长李东生所说的，"三星将是中国电子制造业效仿的榜样。与索尼不同，三星有效仿的现实路径可寻。三星走过的路，也必将是中国同类企业未来 5 年要面对和必须要走的路。"

5 三星在中国

面对日益激烈的国际竞争以及变化莫测的市场环境，始终保持高度危机感的三星管理者丝毫没有放松，他们决定继续推行"新经营"主义，为三星成为世界超一流企业奠定更加坚实的基础。

在这样的策略指引下，三星提出了更加宏伟的目标：2010年的年营业额达到270万亿韩币（是2002年的1.9倍），税前收入达到30万亿韩币（比2002年增长2.1倍），三星的品牌价值也将升至700亿美元（较2002年增长8.4倍）。

在中国，三星也同样不遗余力地推行"新经营"主义，并对中国经济继续做出贡献。对于三星来说，三星中国正由制造基地的角色向研发中心转换。2000年三星电子于北京设立了通信研究所。2003年初三星电子又在苏州投资700万美元建立半导体研发中心。具有强烈社会责任感的三星立志成为受中国人民尊敬和爱戴的企业。

2003年8月中旬，三星电子高层做了一件让中国人感觉惊世骇俗的事情。在三星显示器发布会上，三星电子中国总部社长李相铉致辞后，把与会的三星高层请上展台。担当解说的韩国高层，反复提及要给与会者和中国消费者"拜年"。

正当台下数百位与会者憎然之际，七八个三星韩国高层已经齐齐跪倒在台上，五体投地叩头顿拜，赢得台下掌声雷动。这场"商业秀"式的大礼成了最大看点，以至于人们差点忘记发布会的主角显示器。有媒体如此形容道：尽管这一跪基于商业利益，但还是震撼了在场者的某根神经。事后，三星电子这一举动引起了媒体的广泛讨论。

2008年，三星成为北京奥运会的全球赞助商，为了更加彻底地贯彻与当地社会共同发展的经营方针，三星中国公司严肃认真地扮演着一种优秀的、尽职的"企业公民"的角色，坚实地遵守着自己的承诺。

从三星中国公司提供的一长串分门别类的社会公益名单中，我们可以看到，三星集团于1992年开始进入中国市场以来，不仅对中国的经济发展做出贡献,而且通过推进各项社会公益活动,真诚地为支持与参与解决中国当地的困难及问题贡献出了一份力量。

三星中国的全体员工以对社会的责任和义务为荣,一如既往地在环境保护、社会福利、捐款捐赠领域、学术教育、文化艺术、体育和国际交流等几大领域里为当地社会做出贡献。比如,在全国 17 所重点大学设立了奖学金;从 2003 年 7 月起,北京地区全体员工分成 6 个组,每周六轮流到北京人民最爱的山——香山进行捡拾垃圾活动。

随着三星集团在全球范围内推广的第二次经营革新活动——"新经营 II 期",三星中国为了更加系统地推进公益活动,重新策划、构筑了中国境内的社会公益活动组织机构。2003 年 7 月 1 日,三星中国创建了"三星中国社会公益团",并且在华北地区、华东地区、华南地区各设立了"地区社会公益团",在全中国范围内有条不紊地进行着各种社会贡献活动。这些社会活动,都已经表明三星中国已经真正融入到了它脚下这块坚实的土地中。

三星在中国的投资主要由三星电子、三星电机、三星 SDI、三星康宁、三星 SDS 等电子相关公司完成。此外,第一毛织、三星 TECHWIN(三星航空)、三星重工业、三星物产、第一企划、三星生命、三星火灾等公司在中国也有投资。

目前三星在中国经营的产品包括:CDMA 手机、CDMA 系统、激光打印机、TFT-LCD 显示器等通讯及办公产品;半导体 (IC、TR)、34 英寸纯平显像管等核心零部件;背投大屏幕电视、DVD、家庭影院等 AV 产品;数码相机等光电子产品;大型双开门冰箱、中央空调及柜式空调等白色家电产品。

"三星中国的公司文化正在形成过程中,我们还没有将它总结出来,它更多的是与三星总部一脉相承的文化。"三星中国投资有限公司企划部部长金永真 4 月 8 日在北京这样告诉记者。

　　三星进入中国已经十多年了，尽管三星中国公司的文化在本地化方面融入了一些新的内容，对三星总部的文化有所发展，但在中国人的脑海中，三星的形象并不是十分清晰，甚至很多人分不清三星、LG 究竟哪个大。

　　事实上，目前的三星集团是韩国第一大企业集团，旗下有 3 家公司进入世界 500 强企业。三星营业额已经达到韩国 GDP 的 30% 左右，其出口商品占当年韩国总出口量的 20%。如果非要和中国企业作比较的话，三星的规模要比海尔大十多倍。

第十章
豪赌未来

 三星手机的分水岭

2002年,是三星手机的分水岭。

从2002年第一季度开始,三星宣布取代西门子,与诺基亚、摩托罗拉一起成为世界三大移动电话制造商之一。

对三星电子无线事业部部长(副社长)朴商镇而言,2003年有着更重要的意义。根据三星的资料,三星手机销售收入在2003年头两个季度超过了摩托罗拉。三星第二季度移动电话销售收入总计达到2.79万亿韩

◆ 迈向全球化的李健熙

元（23.25 亿美元），而摩托罗拉只有 23 亿美元。第一季度，三星的移动电话销售收入是 3.04 万亿韩元（25.3 亿美元），而摩托罗拉只有 24 亿美元。

但是，三星在移动电话销售数量上却落后于摩托罗拉：第一季度，摩托罗拉销售了 1670 万部，三星销售的移动电话数量是 1320 万部，位于全球销售位次第三，占全球市场份额的 13%，三星手机向摩托罗拉发动挑战的项目，并非其赖以发家的 CDMA，而是来源于 GSM 市场的成长。

GSM 代表着一个更为广阔的目标客户群，特别 2002 年以来，手机市场呈现约 5% 的下降，GSM 的地位越发重要。朴商镇透露：当时"三星去年全球销售手机 4230 万台，今年 5500 万台，这其中，GSM60%，CDMA36%，TDMA4%。"

在中国，三星手机在 CDMA 市场站稳脚跟后，开始向 GSM 发动冲击。三星手机的战略布局开始于 2001 年 8 月，三星电子就和天津市电子仪表工业总公司在天津合资成立了天津三星通信技术有限公司（以下简称三星通信）。

2003 年 1 月，三星手机终于拿到了国家外经贸部颁发的"内销许可证"。朴商镇也说："当前三星电子的手机生产基地除韩国龟尾厂，位于巴西、西班牙、墨西哥等地的厂区外，在大陆部分，天津厂主要以 GSM 手机生产为主，深圳厂则以 CDMA 手机生产为主。"在产品策略上，继发布其旋影系列的 GSM 版本手机 P408 后，三星正在为其新款黑客手机 V208 手机大造声势。V208 无疑会成为 Anycall 的又一款旗舰产品，因为这款产品所标榜的黄金组合——高清晰彩色 TFT-LCD 屏幕、内置照相机、黑客式设计——已经在很多地方发挥了杀伤力。

朴商镇说："三星手机在中高档市场的市场占有率为 30%，我们会保持甚至提升这个比率。"身为三星通信法定代表人的朴商镇，在成功把西门子挤下位后,接下来要如何与诺基亚和摩托罗拉这两大手机品牌相抗衡?

三星 Anycall 的异军突起,即使业内人士也想一窥内幕。事实上,三星电子在某种程度上,是一个坚定的孤注一掷者,有几大决策至关重要。

1. 孤注一掷的战略选择。据朴商镇介绍,三星集团会长李健熙在 1992 年提出"新经营"思想,进行战略调整。当时的韩国手机产品还多为模拟技术,摩托罗拉手机的产品市场份额很大。三星公司经过分析认为,模拟技术靠经验,而数字技术靠的是创意和速度。因此,三星迅速改变发展方向,于 1996 年采用 CDMA 技术,正式走向数字技术之路。

2. 孤注一掷在产品。李健熙曾提出"质量为上"的口号,三星手机因此曾将所有不良手机烧毁以示决心。为了打造过硬的产品,抢占摩托罗拉的市场,三星手机进行了各种恶劣环境下的严格测试,并将产品命名为 Anycall,意思为在任何地方任何时间都能通话的手机

3. 孤注一掷于设计。三星电子保持竞争优势的一大重心就是,不吝巨资投资研发和设计上,因此,三星电子的产品所体现出来的科技、时尚、前卫的特点是为世人所公认的。

在与摩托罗拉、诺基亚的争霸战中,三星手机的第一回合成绩不错,但后面依然挑战重重。其中一大挑战就是对未来技术的控制,比如在 3G 标准上,三星仍处于劣势。

2 制定蓝图

在三星看来,所谓蓝图就是企业发展的美好未来和公司要实现的目标。

蓝图不应该是美好而不可实现的东西，而应该是既美好又可实现的。制定蓝图的时候应该考虑基于企业核心力量的选择与集中。制定蓝图是第一步，另一步应该是怎样让所有的员工一起产生共鸣。企业制定这个蓝图，应该考虑到企业的发展最后会涉及每个人的利益，而且这样的想法应该与每个员工形成共鸣才行。

这期间，企业的领导人应该以身作则，把这个蓝图告诉给员工，让他们也共享这样的蓝图。而且这样的蓝图，不应该只是一个CEO想的，应该需要作为企业的参谋组织的企划部门的配合。如果需要的话，还要得到外面专门机构的帮助。

如何为公司提出发展蓝图呢？三星集团中国会长李亨道还认为，提出蓝图很重要，但是如何让公司的每一个职员都充满热情地投入到实现蓝图的过程中，也是至关重要的。在实现企业发展蓝图的过程中，总结起来又有采取选择与集中的战略，要大量地培育一流的人才，既要大胆地进行研发投资，又要建立信息平台，进行经营，并且把经营战略和经营方针发展成为企业的文化。

另外，在现在的企业经营当中最重要的是速度，企业发展要有速度，企业的决策要有速度，这就要求我们简化企业决策的程序，简化组织结构，这一点在现代经营当中是至关重要的。除此之外，还要不断地进行革新和企业的组织调整。

在确定一个清晰的愿景时，三星的经验是重视团队和创新。李健熙认为，首先，你个人要经过几天几夜不能睡觉这样一个过程去认真地思考和研究。而且你要和你一起工作的其他的领导人探讨，得到他们的认同，必要的时候还要接受外界的质询，甚至公司内部一些基层职员的一些意见。在这些基础上，经过很长时间的思考研究，你才会知道一个比较正确的企业发展蓝图。

其次，这种公司的发展蓝图和发展规划不仅仅局限于公司得到发展，得到壮大，而且要通过发展规划，给每一个在公司工作的员工以梦想。他们认为实现了这个规划，就可以得到自己所梦想的人生，而且只要自己努力，就可以实现这个梦想，这种规划才是有现实意义的。

最后，在确定这个发展规划之后，我们要做的初步工作是要对公司的全体员工说明我们的规划——内容是什么；我们怎么样才能达到这个规划；如果实现了这个规划，每一个员工的未来是怎样的。

通过这个工作，使每个人都能以全身心的热情投入到规划实现过程当中。在实现企业的目标当中，作为企业的领导人，要有实现这种目标的热情，使你的员工都能看到你在全身心地投入。

3 设计明天

2003年9月底，当人们参观三星电子位于韩国水原的"三星展示馆"时，感觉就像进入了《黑客帝国》中的明日世界。

"三星展示馆"展示了三星电子制造的产品以及正在发明的产品，从最新型的LCD电视、旋转照相手机和家用电器到下一代的网络影院、清洁衣柜、脚踏式真空吸尘器和集线器无不体现了简单易用的设计理念。

三星电子保持竞争优势的一大重心就是，不吝巨资投资在研发和设计上，三星电子的产品所体现出来的科技、时尚、前卫的特点是为世人所公认的。

1970年，三星电子还在为三洋公司打杂，为其制造12英寸黑白电视机；5年前，三星还不得不从索尼或者松下公司购买芯片。然而现在的三星电

◆ 李健熙接受媒体采访

子已是今非昔比，它已成为世界顶尖级的技术创新公司，它在众多的领域创造了一系列的尖端技术，包括移动电话、手持计算设备、平面显示器以及超薄笔记本电脑等。

2003 年，三星电子的专利数在全球排名第五，在美国取得了 1450 项专利，仅次于 IBM、NEC、佳能和 Micron 公司，领先于松下、索尼、日立、三菱和富士通公司。

三星电子拥有 64000 名员工的研发队伍，其中将近 1/4 的员工分布在世界各地的 14 家研发中心。在 2001 年，三星电子将总销售额的 7.5%（相当于 19.39 亿美元）投入到研发工作中。

结果，他们研制出了世界上第一台 63 英寸的等离子电视和 40 英寸薄膜晶体管液晶电视；推出了世界上第一台 0.10 微米 4Gb 动态随即存储器；开发了联合式 DVD（数字化视频光盘）/VCRs、SPH-1300 PDA（个人数字助理）电话和突破性的 NEXiO S150 无线手持电脑；制造了组合式

CDMA2000 1X 和 WCDMA 第三代网络设备和系统。

美国工业设计协会颁发的年度工业设计奖是全球工业设计界最重要的奖项之一。在 2002 年度，三星电子在美国工业设计协会颁发的 2002 年度工业设计奖（Industrial Design Excellence Awards，IDEA）的评选中共获得 5 项大奖，与美国的苹果公司平分秋色，同为本届工业设计奖中获奖最多的公司。

三星开发的众多实用性产品在德国获得了 11 项"iF 产品设计奖品"，在日本获得了 12 项"工业设计优秀奖"，在全球各地获得了几十项其他奖励。

一些新的产品也不断给三星电子带来机会。例如，三星电子的新型 DuoCam，这是一个带有内置数码照相头的便携式数字摄像机。对于那些希望能够拍摄高质量静态图片的，对数码便携式摄像机有着更高要求的客户来说，DuoCam 展现了一种独特的增值解决方案。再如，三星电子新一代照相手机集合了世界先进的 TFT-LCD 技术和用于多媒体通讯的高速数字传输技术，这些产品都体现了人性与技术的完美结合。

为了让用户体验到数字家庭的舒适和便利，三星电子推出了以 TCP/IP 为基础的数字家庭网络解决方案——Home Vita，该工程在韩国拥有 100 个实验室，并在汉城、香港设立多个体验中心，通过一个无线的 Webpad（网络遥控器）或 WAP 移动电话或任何联网的电脑，就可以对整个家居实现智能化、综合性的控制，把家庭自动化的理想提高到了一个更高的层次。

获得美国工业设计协会颁发的 2002 年度工业设计奖金奖的"家庭医生"充分表现了三星电子创造有品质的数码体验的理想：它是三星的家庭健康诊断工具箱的概念产品。人们吞下一个小小的可检查内部器官的高科技药丸，其他外部设备监测检测结果，并将数据反馈给医生。

《商业周刊》在一篇题为《全球最佳品牌》的文章中谈道："三星在设计研发中的巨大投入为其在高端产品领域带来了丰厚的利润回报。这些产品包括可以像油画一样悬挂于墙上的 TFT-LCD 显示器和小巧的便携式 DVD 播放机。"今年，三星电子凭借彩屏手机业务一跃成为世界第三大手机制造商。

现在，对三星电子而言，继续保持在个性化设计方面及研发方面的领先地位显得更加重要。三星正全心致力于一种以市场为导向的设计，这种设计将把统一的三星品牌形象融入到每一个产品中。从产品的内部到用户界面和表面装饰，以期使消费者更轻易地辨认出三星产品独特的介于理性和感性之间的平衡之美。

在 2003 年《财富》杂志的世界 500 强排行中，三星有三家公司上榜，三星电子、三星物产、三星生命分别在 500 强中名列第 59 位、第 115 位、第 236 位。最为引人注目的是，三星电子在世界电子领域排名第五位。

与各种以销售额和规模为主要指标排名的排行榜相比，三星高层更重视"世界最受尊敬企业"的荣誉，三星管理者的长期目标是要成为"世界上最受尊敬的企业之一"，拥有世界领先产品的种类从 17 种发展到 50 种。

4 后来居上的三星智能手机

当三星决定扩大业务、与购买其零部件的这些公司展开竞争时，它会在工厂设施和技术上投入大量资金，使自身处于一个其他公司难以企及的高起点。2012 年，三星电子斥资 215 亿美元用于资本性开支，较苹果公司同期同类投资高出一倍以上。

"三星在技术上下了大赌注。"纽曼说，"他们会做非常彻底的研究，然后孤注一掷。"

1991年，三星开始生产液晶面板并出售给其他电视机品牌。1994年，它开始生产 iPod 和智能手机等电子产品上使用的闪存。目前，三星是全球最大的液晶电视制造商，其闪存和 RAM 晶片的销量也是世界第一。

2012年，三星首次超过诺基亚，成为全球头号手机制造商。而在三星日渐崛起的同时，其往日的竞争对手却在衰落，并且境遇令人感慨——摩托罗拉分拆了，其手持设备业务被卖给谷歌；受制于智能手机业务上的弱势，诺基亚眼看着它在手机市场的长期霸主地位被日益蚕食；索尼和爱立信的合作关系宣告瓦解；Palm 品牌被惠普收购后从此销声匿迹；黑莓在市场上继续受到严密监视，没有任何逃脱机会。在移动硬件领域，眼下只剩下苹果和三星，还有一批处境绝望的似乎已无机会摆脱"杂牌"地位的品牌。

2012年5月，就在 Galaxy S III 新手机距离发货只有三周的时候，一位客户告诉三星，这款手机的后盖与之前向用户展示的样品机型的后盖相比，显得有些廉价。

"他说得对。"三星移动业务的营销部门负责人 DJ Lee 说，"发货机型后盖的纹理没那么细。"他坦承仓库里存放着 10 万个这种设计不佳的后盖，还有已运到机场准备发货的成品手机的后盖。虽然这次没人烧毁这些东西，不过，全部 10 万个后盖和成品手机上的后盖随后还是被统统报废重做。

除了 1995 年那次著名的焚毁手机行动之外，还有两次标志性的举动推动了三星智能手机的异军突起。第一次是在 2009 年。当时，三星决定在谷歌的安卓操作系统上投入大赌注。它的第一款安卓手机是 Galaxy。

"我们的第一款安卓手机并不成功。"DJ Lee 说，"它的应用程序很少。"安卓系统当时还未成熟，远远落后于 iPhone 采用的 iOS 操作系统。但安卓系统是开源的，所有手机厂家都可以免费采用该系统。

2010年，三星推出 Galaxy S 系列，采用大屏幕，这是它的第二个重大决策。该系列的屏幕比之前的 Galaxy 系列或其他安卓机型的屏幕都要大出很多。

"我们最后将屏幕定在 4 英寸。"DJ Lee 说,"当时大家都认为太大了。对此有很多争论。"但事后证明,大屏幕是一大卖点。到了 Galaxy S II 和 S III 两款机型,屏幕变得更大了。目前,三星智能手机屏幕的尺寸范围在 2.8—5 英寸之间(且不提三星 5.5 英寸屏幕的"平板手机")。

"没人知道合理的手机屏幕应该是多大,所以,三星各种类型都做,看看哪一种最能被接受。"市场研究机构 Enders Analysis 的研究员本尼迪克特·埃文斯说。

生产一系列设计类似但尺寸不同的产品,以便检验哪种尺寸卖得最好,这是一种大多数公司唯恐避之不及的高成本做法。但三星不同,由于能够生产显示器、存储器、处理器及其他高科技零部件,三星具备了竞争对手所没有的灵活性。

5 三星与苹果的战争

在与三星展开的专利大战中,苹果在很多的官方声明中都采用了这样的陈述:苹果在 iPhone 和 iPad 研发过程中耗费了大量的资源,而三星有意抄袭苹果的这些产品和设计,构成不正当竞争。

针对苹果对三星的连环诉讼,李健熙坦承说:"不光是苹果,连全世界与我们没有关系的非电子企业都在加大对三星的牵制。"他苦笑道,"这是枪打出头鸟的原理。"

"十年前业内普遍认为,垂直整合的模式已经过时。"手机行业咨询公司 Alekstra 的分析师泰罗·奎迪南说,"但现在,正是仅有的两家重视这一模式的公司——三星和苹果掌控了整个手机行业。"

苹果的策略是少机型、精设计,三星则是迅速尝试所有机型。

"我们推出 Galaxy S III 时,市场调研显示,对某些市场的某些人群来说,这款手机尺寸太大了。"DJ Lee 说,"因此,我们就可以开发相同设计的 4 英寸手机,并且我们把它命名为 Galaxy S III mini。"

DJ Lee 还说,将缩小版的机型投产需要 4—6 个月时间。他说:"我们密切关注市场,然后迅速做出反应。"新的 Galaxy S IV 距离 S III 上市只有 9 个月时间。

"三星对新设计采取了差异化的产品结构。"Gartner 分析师迈克尔·加滕伯格说,"但如果我想要一个介于 iPad 和 iPad mini 之间的产品,苹果就拿不出来。"

不过,苹果的垂直整合策略也有一个三星没有的优势,那就是软件控制。只有苹果的智能手机和平板电脑运行 iOS,而且 iPhone 和 iPad 的特点之一就是,其软件和硬件配合得非常顺畅。这也培育出了 App 开发行业,而每售出一个 App,苹果都能拿到分成。

三星正在努力强化其市场地位,为此,它在硅谷设立了软件开发中心,但它或许永远不会像苹果那样掌控操作系统。

三星对其产品深度和灵活度的运用虽然很有效,但也招致很多非议。它生产的处理器、存储芯片和照相机不仅可用于三星自己的智能手机,还被其他许多厂家采用——包括 iPhone 5 上的微处理器。

该公司的公开策略是,其零部件业务与自营成品业务(比如 Galaxy S IV)严格隔开,一方不了解另一方正在做什么。但是在关注该公司的人士中,几乎没有人认为三星会真的不知情。新技术的开发需要花费相当长的时间,特别是那些需求量很大的技术。

"能够提前了解供应链,这是它们获得优势的关键要素之一。"Stratey Analytics 的尼尔·马斯顿说,"他们能看到 3 年后的趋势。"

对三星的一些客户来说,这是一个非常头痛的话题。苹果在美国和其他国家起诉三星侵犯其专利,包括手机的基本外形、用户所看页面滚动到底部时屏幕回弹的方式等等。三星否认了这些指控,并反诉苹果。双方的法律争端目前看不出有停歇的迹象。

2012 年 8 月份苹果胜出一轮,联邦陪审团当时裁定苹果有权获得 10 亿美元赔偿。该案目前处于上诉阶段,法官前不久将赔偿额减少了一半左右。无论法庭诉讼最终结果如何,三星都无须违反法律、利用其作为供应商的身份来为自己不当谋利。如果一家制造业客户只是联系三星要求采购新型处理器,这样的信息本身就很珍贵。

"了解竞争对手的路线图,比如苹果的,知道它正在做什么,这些信息太有用了。"市场研究机构 Bernstein 的纽曼说,"这不是抄袭,而且这并不违法。比如你刚好知道苹果公司 2013 年需要一种四核处理器。"

为配合 3 月中旬推出 Galaxy S IV,三星在一个周四的晚上租下了纽约 Radio City 音乐厅。电视转播车停在外面,不停有人围拢过来。大堂里也挤满了人。与此形成对比的是,摩托罗拉六个月前在纽约的推广活动是在一处由中国家电企业海尔公司冠名的聚会场所举行。诺基亚同一天举行的宣传活动则是在附近一处低调的普通场所内。

在 Radio City,百老汇演员威尔·切斯在一幕幕超现实短剧之间主持了仪式。在这些短剧中,演员们扮成普通消费者,演示在不同情形下使用 Galaxy S IV 的各项功能。

"三星对每类手机、每个市场、每种尺寸、每段价格区间都做了尝试。"埃文斯说,"他们不会停止思考,他们还将制造更多的手机。"Galaxy S IV 预计将于 4 月末上市销售。它运行更快,且有一个色彩明亮的大屏幕,有可能成为三星又一款大热产品，之后不久将上市的 S IV mini 也将如此。

不过，在讨论三星不久后的前景会怎样时，Lee Keon Hyok 没有表现出任何乐观姿态。他以前曾见识过这种形势，而且他明白，对已有的成功沾沾自喜是与"新管理"的原则相抵触的。

"2010 年是整个集团业绩特别好的一年。"Lee Keon Hyok 坐在位于首尔总部 35 层的办公室里说，"可董事长（李健熙）当时的反应呢？他说，我们今天的主要业务有可能在十年内消失。"

或许，三星会发展到过于庞大的地步，进而再次引来韩国政府的关注。又或许，iPhone 将继续推出 6、7 和 8 机型，并大获成功。苹果公司势不可挡，就连董事长也不知该如何与之竞争。还有一种更大的可能性，那就是出现另一家公司，可能来自中国，它将以三星对其竞争对手之道还治三星。

"中国人现在看起来就像五年前的三星。"移动行业独立分析师贺拉斯·德迪乌说。他认为，华为和中兴通讯的威胁尤其值得关注。也有分析师提到联想。

"三星在每部智能手机上赚到的利润要低于苹果。"德迪乌说，"中国市场的利润更低。如果智能手机有朝一日变成廉价的大路货，三星在竞争中会有怎样的表现？"

Lee Keon Hyok 预计，智能手机的确有可能变成大路货，就像 20 世纪 90 年代个人电脑的境遇一样。"不过你要记得，我们生产很多零部件。"他说，"手机的形状可能会变，但它还是会需要 AMOLED 显示器、存储器和处理器。我们已经充分准备好应对这些变化。"

所谓 AMOLED，指的是有源矩阵有机发光二极体面板，这是一种最新材料。当移动业务不能再带来利润时，要寻找出路，三星将不得不进入其他那些需要大量前期资金和专业技术的大规模制造业。

2011 年底三星曾宣布，到 2020 年之前，将投入 200 亿美元开发医疗设备、太阳能面板、液晶照明、生物技术和电动车电池方面的高技术产品。如果到时候三星的电池或核磁共振成像机不能占据市场,李健熙可能还会将大堆产品付之一炬。

三星移动业务营销部门负责人 DJ Lee 说:"董事长一直在提醒,危机是永恒的。我们处在危险中。我们一直处于危机中。"

6 "危机经营"背后的危机

李健熙对于韩国的影响是现代历史上鲜有的特例。自从 1993 年开始领导三星"第二次创业"以来,他在三星实行的每天 7 点上班 4 点下班的新工作制就改变了整个韩国的日常作息时间安排,而在 2003 年他又率先推行了 5 天工作制,此举亦成为韩国人的新习惯。

据韩国《东亚日报》报道,三星集团的"控制塔"向三星电子、三星生命、三星物产等下达命令,要求全体员工早上 6 点半上班。这比当年的 7·4 制度(早 7 点上班,下午 4 点上班)提前了半个小时。人们对"提早上班"的制度议论纷纷。有些人认为,"这不仅降低生产能力,而且会使三星回归历史"。

三星集团的"提早上班措施"证明,三星正处于危机,而且比预期还要严重。2012 年,三星电子的业绩为历史最高,然而这都来自于占半壁江山 (70%—80%) 的智能手机产业,数据表明三星集团内部的利润点过于集中。作为大型多元化企业集团,过度依赖智能终端业务的利润贡献,显然让三星的高层十分不安。

事实上,三星确实也一直在用危机意识武装自己。两年前李健熙在参加美国 CES 时就曾经讲过另一句为人们所熟悉的话:"就在十年前,三星的规模仅为目前的 1/5,是个小小的摊子。如果一不小心,三星集团十年后也可能沦为小摊子。"

虽然目前业绩亮眼,但是有诺基亚和黑莓失败的例子在前,三星的经营不敢有丝毫怠慢。三星集团虽然没有在正式场合使用"危机经营"等词,但不难发现整个

◆ 李健熙过安检

三星启动了"危机经营"。尤其是 6 月份李健熙访问欧洲归来后,其脚步变得越来越快。

三星的危机感还来自对手的威胁。苹果对三星提起诉讼,称三星抄袭了苹果 iPhone 和 iPad 的技术、用户界面和风格,索赔超过 25 亿美元,并寻求在美国市场上禁售三星平板电脑和智能手机。虽然,美国加州圣何塞地区法院驳回了三星对解除其 Galaxy Nexus 手机的禁售请求,三星的平板电脑和部分手机产品在美国市场的前景目前仍然存疑。

"人无远虑,必有近忧。"对于企业而言,道理一样。诺基亚统治了 14 年的世界第一,眨眼间就被三星超越了。所有的事情变化都遵循着"三十年河东三十年河西",世间万物,莫不如此。

当在法庭上败给苹果之后，三星的危机感再次被提升。法院认为三星的产品复制了苹果设备的设计，并要求三星支付苹果10亿美元的赔偿。移动业务主管申宗均（JK Shin）早前对下属发表讲话称，在推翻诺基亚统治地位的同时，三星遭遇"设计危机"，因此三星将目光转向苹果，并开发出第一部Galaxy S。

不幸的是，法官露西·科的判词让三星尝到了失败的苦涩，这场专利官司也很好地诠释了三星模式。尽管在财务上获得了巨大的成就，并以Galaxy S III等产品在市场上确立了独特风格，然而，三星仍然没有在iPhone或Walkman的血脉中实现突破或创造出标志性的产品。

如果要实现真正的创新，三星必须再次调整自己。即便李健熙目前正对三星层级结构进行大量改革，推行自上而下的企业观念，但是三星的技术创新仍然让人拭目以待。

英特尔联合创始人安迪·格鲁夫的一段话曾被世人归纳为《尾灯理论》："在雾中驾驶时，跟着前面的车的尾灯灯光行路会容易很多。'尾灯'战略的危险在于，一旦赶上并超过了前面的车，就没有尾灯可以导航，失去了找到新方向的信心与能力。因此，做一个追随者是没有前途的。早早行动的公司正是将来能够影响工业结构、制定游戏规则的公司。只有早早行动，才有希望争取未来的胜利。"

有媒体称，三星成功的原因固然数不胜数，但其中最核心的原因只有两个，那便是制造竞争力和彻底的模仿。但是问题在于，这种优点具有明显的两面性。三星的优点只能在那些产业标准已经确定，而且发展方向较为明确的产品和技术上发挥作用，而对于那些目前尚无产业标准、发展方向不甚清晰的产品和技术领域，三星一筹莫展。也就是说，三星电子如果想持续保持业界重量级地位，就必须创造出领先世界的新的趋势。

乔布斯说过："追寻梦想就是一个冒险的过程，但我们甘愿赌一把也不愿追随他人。对于我们来说,梦想不断,追求不止。"

李健熙在获得了韩国总统特赦并重新执掌三星帅印时,曾这样说:"我们处于真正的危机之中。全球顶级企业都在步履蹒跚,我不知道三星会怎样。如今代表三星的多数产品和业务都将在 10 年后消失。我们应该再次启程,不能浪费时间了。"

7 再次变革的呼唤

李健熙强烈要求员工采取新的思维模式,不要将专注点局限于硬件领域,希望通过这样的方式令全球最大智能手机和电视制造商继续保持增长。

据李健熙发给公司员工的电子邮件显示,他呼吁公司再一次进行变革。李健熙写道:"我们必须以更大的力度推进创新,商业结构也在此范围之内。只有这样,我们才能引领行业趋势。"

在 2013 年,三星的手机出货量创下新纪录,其季度营收也屡创新高。不过,由于高端智能手机需求增长放缓以及面临来自苹果新产品的巨大压力,三星股价五年以来首次出现全年累计下跌。据悉,三星目前正在为新兴市场研发更为廉价的设备,以应对手机价格下跌的趋势。

金融机构 LIG Investment & Securities Co 称,由于智能手机市场日趋饱和,因此将三星的目标股价下调 7.9%,同时调低盈利预期。当天,三星股价大跌 4.6%,创下自 2013 年 6 月 7 日以来的最大跌幅。韩国 Kospi 指数当天的跌幅为 2.2%。

就在李健熙表态的前一天,谷歌(微博)旗下智能手机生产部门摩托罗拉移动将其旗舰智能机 Moto X 裸机版的售价下调至 399 美元。这比其

◆ 李健熙在大雨中前行

此前在美国移动运营商AT&T网店上的价格便宜了25%，比同时在售的三星Galaxy S4价格低约38%。三星裸机版Galaxy S4在AT&T网店的售价为640美元。

2014年初始，韩国货币韩元走强的趋势十分明显，接近29个月以来的峰值，这也进一步压低了三星的营业收入。据悉，2012年，三星85%的销售额来自本土之外的市场。对此，李健熙指出，公司应该通过整合其他产业的技术创造新的商机。

目前，三星正面临与苹果在四大洲开展的专利诉讼战；在电视领域，又面临来自日本和中国制造商的威胁；芯片方面，另一家韩国企业SK海力士也在步步紧逼。

李健熙认为："我们处于领先地位的产业正面临来自竞争者的追赶，而不具有竞争力的产业，时间也消耗殆尽。去年，我们在全球范围内与竞争对手展开了破釜沉舟的斗争。在市场增长放缓、全球经济疲软的情况下，我们还经历了专利战。"

三星于2014年1月7日发布初步业绩报告。根据彭博社的统计，40名分析师平均预计三星2013年全年运营收入将增长至创纪录的38.7万亿韩元（约合370亿美元），其销售额预计将达到231万亿韩元。

在韩国媒体眼中，三星集团一举一动都值得关注。包括员工是否更换了着装、上下班时间是否有所改变等。事无巨细，只要与三星有关，便能占得版面。这使得成为焦点的三星应接不暇，从世界各地赶来采访的记者需要经过预约、等待，才能得以一窥帝国内部。

2010年，李健熙重返三星管理层时，表达了他的危机感："现在是真正的危机时期，我认为代表三星的大部分事业和产品将在十年内消失。""稍有不慎，三星集团10年后就有可能沦为小铺子。"

在李健熙这种危机意识的灌输下，三星集团不敢放松，又提出"马不停蹄"的口号，督促员工一直奔跑不停息。而这也是三星能取得今天成绩的原因之一——"生于忧患，不断求变"。

第十一章
三星的成功秘诀

1 李健熙的城,李健熙的帝国

在三星集团大量核心口号中,"新管理"是最中心的内容:"鼓励个体发展"和"改变从我开始"是最常听到的句子。所有这些,在三星的另一处圣地位于首尔以南约 240 公里的 Gumi 园区里有着最生动的展示。

Gumi 园区是三星智能手机的旗舰级工厂,也是三星生产其第一部手机 SH-100 的地方。SH-100 是一款在重量上堪与摩托罗拉 DynaTAC 8000 媲美的大哥大式手机。电影《华尔街》里的戈登·盖克 (Gordon Gekko) 使用的就是 DynaTAC 8000。

在 Gumi 园区,往往人们最先注意到的,便是韩国眼下的流行音乐,这些音乐在园区的每个角落都能听到。为了不破坏 Gumi 园区的景致,那些播放音乐的扩音器,通常被装扮成岩石模样。三星一位发言人介绍说,这些轻松舒缓的音乐是由一个心理学家小组专门挑选的,目的是帮助员工缓解压力。

Gumi 工厂里有一万多名员工,其中绝大部分是年轻女性,她们大多数穿着粉色外套,也有

◆ 晚年的李健熙

人是蓝色，当然这取决于个人爱好。这些人跟大部分同龄人一样，不上班时喜欢成群结队的集体行动，出入园区也经常低着头看手机。

大部分未婚员工都住在 Gumi 的宿舍里，三星的宿舍区设施齐全，配备有餐厅、健身中心、图书馆和咖啡吧等等。在韩国，咖啡还是很受年轻人欢迎的，Gumi 厂区的咖啡店还有自己的咖啡烘焙器。

当然，作为一个全球企业，Gumi 工厂仅仅是三星工厂网络的一部分。仅 2012 年，三星工厂就生产了 4 亿部手机。这是什么概念呢？它相当于平均每秒就有 12 部手机下线。

出乎所有人意料的是，在 Gumi 的手机装配车间，采用的不是流水线，是类似于小工房的工作方式：每个工人站在三边形工作台里面，所有必需的工具和工件材料都在工人伸手就可拿到的范围之内。工作台边上的每个工人都要负责一部手机的全部组装工作，而分布在装配车间各处的电脑工作站可以从世界各地的三星工厂实时采集生产数据。

对于员工们的完成品，质检是接下来最重要的一道工序。各种质检设备足足塞满了一个房间，这些质检机器的上方都有一个塑料小风扇在旋转。据说这是一名员工想出来的办法。因为从远处看，很难判断这些机器是否在正常运转。那位聪明的员工建议，可以用小风扇来观察机器是否在工作。

为了实现高质量这一目标，三星别无选择，哪怕这需要牺牲销售额。因为这意味着三星真正地走出韩国，走向全球。

2 高端品牌路线

20 世纪 70 年代，三星只是一家为日本三洋公司做贴牌生产业务的加工厂，主要产品是利润单薄的廉价黑白电视机。20世纪90年代，尽管三星集团在全球半导体芯片行业有突出业绩，但美国等发达国家，仍定位三星的产品为地摊货。奇迹发生在亚洲金融危机爆发时，内忧外患使三星集团痛下决心，要彻底改变三星产品低质价廉的形象。

亚洲金融危机爆发之前，三星如同大多数企业一样，注重产品的数量而非质量，企图通过大规模的生产来降低成本，从而在市场上以低价竞争的方式赢得更多的市场份额。然而低定价带来低利润，低利润带来低研发投入，低研发投入会造成产品质量下降，如此一直恶性循环下去。

亚洲金融危机之后，三星从噩梦中惊醒，明白了"进军高端市场是三星品牌迅速提升"的主要途径。李健熙痛定思痛，决定调整经营战略重点，从制造与研发转变到品牌形象的提升上来。他清晰地意识到：必须打造出世界一流的产品，即品牌卓越、不断创新、能够引领新潮流的产品，使品牌形象产生质的飞跃。

实践证明，同样的一件产品，有品牌比没有品牌在价格上高出50%—60%，而且销量比后者更为理想。三星公司努力提高产品的价格，高定价能带来两个方面的收益：一是利润回报的增加，二是品牌形象的提升。

在一般市场上，高价格意味着高品质，从而"创造出一种高档次产品的形象，反过来又会刺激产品销售"。三星努力使自己产品的功能与外形，总领先同类产品一筹。

在决定走高端路线之后，李健熙将产品从世界各国的大型连锁超市中撤出，撤出了大众消费品市场，转而搬进品牌商店和专业商店。与此同时，他将目标完全锁定在了一些拥有高利润、高附加价值的尖端产品上，对于一些利润较低、没有太大增长前景的业务进行了彻底的清理，从这些业务领域里坚决退出。

一件产品如果没有太突出的卖点或缺乏一种新颖的表现力，再好的品牌宣传活动也不会起到令人满意的效果。基于这种认识，三星总是以"世界第一"的高标准开发产品，他们生产出了"世界第一"手机、可视电话、笔记本电脑、MP3播放器、高清晰度电视等旗舰产品。

在产品设计中，三星始终秉承"惊奇、简约、亲和力"的设计原则。他们通过对产品功能的开发和外观设计，赋予产品时尚的精神；他们非常慎重地挑选人气极旺的香港青年演员陈慧琳、郑伊健为其产品形象代言人，目的是增强其时尚内涵，使消费者一提起三星，就想起"时尚"二字。

三星公司以市场为导向，总是针对顾客的不同生活方式为其量身定做个性化的产品，甚至会针对不同消费者制定不同的营销策划。例如每设计一款新手机之前，都要进行一番非常充分的市场调查，甚至在和弦曲目的选择上都要经过研究人员的精心挑选。

三星集团很好地应用了生鱼片理论。他们意识到在网络经济时代，快鱼吃慢鱼，规模大的公司不一定能打败规模小的公司，但速度快的公司一定能打败速度慢的公司。著名的维多定律表明：进入市场的第一代产品能够自动获得50%以上的市场份额。三星公司总是不断地以比业界平均速度快1—2倍的速度推出新产品。

马克思说："生产工具是生产力水平高低的标志。"三星在信息化办公方面一直处于业界领先地位。2001年，完成了集团内部企业资源计划ERP系统的上线工作，极大地促进了管理、客户服务、研究开发及产品供应四个业务流程之间的相互沟通，消灭了三星内部多年来存在的信息"死角"现象，大大缩短了各项业务流程的时间。

此外，供应链管理SCM、客户关系管理CRM及产品管理PDM等一大批业务系统也正在紧张地筹划和建设之中。6年前，三星从设计一种产品到最终投入大批量生产，要16个月，现在只要5个月。

在确定了品牌优先的战略举措之后，三星实施了一系列令人目眩的营销动作。从参加奥运会到赞助各种体育赛事,从媒体广告到选择产品代言人等,品牌加广告宣传,迅速提升了三星公司的品牌形象。值得一提的是三星的奥运会TOP10宣传营销计划。国外研究机构测算,企业进行普通宣传投资,投入1亿美元,品牌知名度会提高1%,但如果赞助奥运会,会提高3%,这是三星多年来热衷于体育营销的重要原因之一。

三星组织机构较庞大,因此在品牌宣传与营销活动中,成立了品牌管理机构——三星委员会,统一协调三星各分公司之间的营销活动和资源。为了在对外宣传中用同一个声音说话,三星将原来分散的55家广告代理公司的代理权收回,全部交给著名的美格公司负责。

在获得成功之后,三星的下一个目标是取代日本索尼,成为全球电子产品第一品牌,具体举措是在产品的价值增值、服务、领导与质量等方面下大力气,持续提升品牌的价值。

对此李建熙说道:"要让三星成为全球消费电子行业的领导品牌,必须拥有至少50种市场占有率第一的产品,并最终成为全球数字化革命的领导品牌。"

三星通过不断的技术创新,向人们倡导一种数码时代的新消费,引领他们享受更优质、更全面的生活,同时也将自己逐渐送上数码集成领域领导者的至高位置。

3 李健熙的战略抉择

李健熙的战略抉择主要包括四个方面:一是维持现有业务;二是通过现有产品或者更新产品来进一步渗透现有的细分市场;三是通过向现有的

细分市场推出新产品或利用现有产品来介入新的细分市场;四是通过推出新的细分市场,从而实现多元化经营。

李健熙战略的转折点是布局半导体行业,标志性事件是1974年三星收购韩国半导体公司50%的股份。对于半导体行业的投资,为三星积累了非常宝贵的技术实力。

1998年,在三星集团成立30周年庆典大会上,李建熙石破天惊地提出"二次创业"宣言,立志要将三星公司建成21世纪超一流的企业。此后,三星大规模调整了原有的业务结构,在巩固原有半导体业实力的基础上,不断向高科技领域转型。

长期以来"重数量轻质量"的观念制约了三星持续增长的后劲,为打破旧局面,李建熙喊出"除了老婆和孩子,其他一切都要改变"、"改变才能生存"等口号。1993年,李建熙宣布了"新经营运动"计划,由此拉开了十多年的品质经营革命。三星人为彻底改变"数量经营"旧理念,以高品质、高标准塑造三星产品的新形象。他们引进了六西格玛质量管理方法,组织人力对所有客服人员进行礼仪等方面的培训等。三星产品质量终获得大幅度的提高,赢得了消费者的青睐。

"新经营运动"给三星带来了质量上的飞跃,但还有两个关键遗憾:一是过于关注产品质量而忽视了对自身品牌及形象的塑造;二是贸然挺进了许多陌生领域,遭到挫败。1997年,亚洲金融危机时,三星最高负债额高达180亿美元。

之后,三星进行了又一次的革新,对原有业务进行了大规模压缩,对各类产品的库存大幅度削减,精减机构、裁减冗员,将主要精力放在核心业务上,同时将目光从产品质量转移到以品牌经营为主的高端品牌路线上来。

李建熙有一个著名的"强小国"豪言,他认为韩国如同瑞典、瑞士、芬兰一样，属于小国，在绝对经济数量上难与大国匹敌，但可以在经济质量上下功夫。瑞典有爱立信、瑞士有钟表、芬兰有诺基亚、韩国有三星。只要把经济质量抓上去，韩国就可以成为真正的强小国。

而与"强小国"豪言相对应的，便是李健熙大胆的"孤注一掷"理论。

按照管理大师彼得·杜拉克的理论，三星电子更像是"孤注一掷"策略的具体案例。"孤注一掷"是美国内战时期一名南部联邦骑兵将军的常用取胜战略。采用这种战略，企业家的目标是领导权，或是占领新市场，或新产业。

彼得·杜拉克认为："'孤注一掷'的目标并不一定是立即建立一个大企业，虽然这是它的最终目标。但是初始时它的目标是占据永久性的领导地位。"现在，三星电子"孤注一掷"的目标是"数字融合革命"。

在彼得·杜拉克看来，"孤注一掷"是一个高风险的战略，甚至，在所有企业家战略中，这个战略的赌博性最强。而且它不容许有失误，也不会给第二次机会。但是，一旦成功，孤注一掷的回报率是惊人的。

4 时刻都在学习

李建熙说：我相信，三星公司能有今天，主要是因为有技术实力作为后盾，只要一有时间，我就到先进的西方国家去学习，向他们的技术人员请教，然后再传授给我们的技术人员。

设计创意是企业重要的资产。三星将设计和技术研发并重，成立了设计小组，建立了可用性实验室，将销售额的8%投入到研发之中，视知识产权为生命。

三星公司切实突出设计部的重要性,扎实深入地进行市场调查,有所针对地进行产品设计。精益求精的新产品开发理念,是三星公司不断抢占市场的法宝,也是他们能够推出令整个世界为之侧目的优质产品的重要原因之一。

三星人的思维就像水银一样,无孔不入。他们广泛建立了研究机构,建立了三星综合技术学院;成立了英国伦敦、美国旧金山、日本东京、韩国汉城四大研发中心,对中心的研发人员,采用非常宽松、自由的管理方式;成立了创新设计室;建立了三星艺术与设计学院,以弥补韩式教育中呆板有余、创新激情不足的弊端;还成立了员工创新设计兴趣小组。

今天当我们回顾三星的发展历程的时候,我们会发现,一以贯之的是其谦虚的学习乃至模仿精神。正是组织整体的学习,使三星在诸多方面实现了巨大超越。

三星最早是向索尼学习。首先是在技术实力上下功夫,不断派遣大批

◆ 李健熙是坚定的孤注一掷者

优秀的技术人员到日本参观、学习,学习日本企业的先进技术和设计理念;花重金聘用日本的优秀人才。谦虚、执着的学习精神使三星很快建立起强大的研发队伍,不断突破一些关键性技术门槛。三星在具备相当的实力之后,意识到与索尼公司之间既要竞争又要合作。他们在合作中学习索尼公司的优势和长处,关键技术是双方合作的重点内容之一。

接着三星向惠普学习管理。生产管理曾是三星公司非常薄弱的环节。为此,三星以惠普公司为标杆,不断地学习参考。公司内部引进了先进的 PDM 系统,并在此基础上创新,开发了一套企业资源规划系统——BIZENTRO 软件包,能有效地计划、调整和控制企业的所有经营资源,是不断改善管理的强大工具。

三星还向西屋电气学习库存管理。1993 年,三星效仿西屋,投入 6 亿美元,打造公司内部的 ERP 系统,历时 8 年建成,增强了公司全球业务、分支机构及合作伙伴之间关于价格、库存以及调单执行方面的协调、交流力度。

学习几乎是永无止境的:三星向 3M 学习新产品开发,主要营造一种创新的氛围,改善员工的心智模式;三星向 THE LIMITED 学营销,统一了品牌形象,将产品定位为"数码高附加值"产品,并在此基础上制定了一种自上而下的市场营销策略。

正如李健熙所言:"我时刻都在学习中……"

"风越是强劲,风筝才能飞得越高"

李健熙希望企业每一层级的员工都应在自己的职责范围内处理一切事

情，都应负担起应有的责任。任何组织机构和任何企业都应避免"有功从领导开始，有过从部属开始"的错误，做到"有功从下面开始，有过从上面开始"。

李健熙说："公元 2010 年以前，三星电子跻身于世界前三强。当时世界的前三强就是美国的 GE、日本的 SONY、韩国的 SAMSUNG。"

于是就有人问李健熙："李先生，你搞这个企业很辛苦吧，竞争对手一定不少？"

李健熙回答道："我哪有那么多竞争对手啊，我前面只有两个。"

这两个就是美国的 GE 和日本的 SONY。

从负债百亿到市值千亿，从名不见经传到全球业界公敌，抢下诺基亚蝉联 14 年的手机冠军宝座，更击败苹果成为最大智慧型手机霸主。自从李健熙接掌三星以来，三星帝国每天都在扩张着。

"风越是强劲，风筝才能飞得越高。必须把危机变成转机，把不景气当作是强化体质的垫脚石。"

这是李健熙在发生金融风暴的外汇危机时所讲的话。不论是人还是企业，身处危机之中才会展现真面目。基于这一点，能够克服危机的人或是企业，就可以算是很优秀了。不过，李健熙的主张是应该要超越克服危机的水准，把危机当作是向未来跃进的跳板。身陷危机状态，人心会本能地充满恐惧，思考或是动作上显得紧张是正常现象。但是，李健熙反而要大家越是危机状态就越要抓住机会，并且利用机会。

一如他所主张的论点，2012 年三星的经营策略，的确是极具攻击性的投资管理。朝鲜领导人金正日的逝世造成国际间动荡不安，日本发生大地震、首相大选等内政混乱不明，不景气和高油价使得企业的经营也在日益恶化，而三星在这个时候决定投资史上最大规模 48 兆韩元以上，这就是李健熙式的攻击式经营。

这场投资比2011年投资的金额43兆韩元多出13％左右,是历代最大的投资规模。关于这样的投资动作,李健熙会长说:"单纯从数字上来说,今年反而应该减少投资才对,但是我们国内目前的经济状况并不好,所以,三星反而应该要在这个时候更积极地做投资,做马前卒。这样其他的企业才会跟着加入,来带动景气。"

◆ 申奥时刻的李健熙

三星的这种攻击经营模式大放异彩。三星电子在2010年后的销售超越了HP,成为全球最大的IT企业,在2011年又拉开了更大的差距。而且,拉开差距的速度仍然在持续增加当中。

2013年全球经济仍未摆脱低迷气氛,尽管如此,李健熙非常明白一个道理,风吹得越强劲,风筝才能飞得越高。因此,他要让风筝飞得更高。他要把危机变成跃进的跳板,借助不景气来锻炼企业的强健体魄。

李健熙式的攻击式经营可以说是最大胆的管理模式,他着眼于三四年后的发展,并且积极铺路。半导体事业是如此,手机、家电事业也都是如此。透过他的攻击式经营,三星得以晋升为年度销售225兆韩元的集团,李健熙也因此被美国《财富》(Fortune)杂志评选为"2011年亚洲最具影响力的人物"第四名。如今他不再是二流三星的会长,而是领导年度销售

225兆韩元的一流三星集团。

"风吹得越强劲，就能让风筝飞得越高"是李健熙独有的经营之道，他那越是身处险境就越能闪耀救赎光芒的攻击式经营策略，足以让每一个有志者都好好学习领会。

第十二章
"三星神话"还在延续

1 企业权力移交给谁

世袭是韩国家族大企业权力移交的典型模式，1987年12月1日，在李秉喆逝世两个星期后，李健熙接替父亲成为三星董事长。幸运的是，年轻的李健熙上位时发现他掌舵的是一艘稳健的大船——彼时，三星已经是韩国相关行业的领军者。

从房地产到电子制造业，三星集团旗下企业涉足韩国各个产业，集团总裁李健熙在韩国经济界的地位可与韩国总统在政界的地位相媲美。对于一位首尔居民来说，她可能出生在三星医疗中心，她可能住在由三星工程建设公司建造的公寓（这家三星子公司还建造了吉隆坡双子塔和迪拜哈利法塔）。她睡的婴儿床如果是进口的，那么，这张床可能是搭乘三星重工建造的远洋货轮而来。

◆ 宣布隐退

随着她逐渐长大，她也许会看到一条三星寿险公司的广告，这条广告可能由三星旗下广告代理公司第一企划（Cheil Worldwide）制作。她穿的衣

◆ 最后的任务

服可能来自三星纺织品子公司的 Bean Pole 品牌。当有亲友来首尔玩时，他们可能住在新罗酒店，在新罗免税店购物，而它们都是三星旗下公司。三星早已是韩国人生活中不可缺少的一部分了。"

现年已75岁的三星董事长李健熙，其健康状况日前亮起红灯，这让三星集团的接班人问题引发关注。将庞大的"三星帝国"圆满地交给下一位继承人，应该就是李健熙最后一项任务了吧。尽管三星集团官方并没有对外公布接班人人选，但李健熙45岁的独子李在镕已被视为唯一的继任者。

2012年，作为三星集团董事长李健熙的独子，李在镕获晋升加入三星集团会长团，正式以三星帝国的"储君"身份公开露面。

李在镕生于1968年，首尔大学东亚历史系毕业，在日本庆应大学攻读MBA，于美国哈佛大学商学院获得博士学位。2001年，任三星电子常务助理，后任经营企划组常务，2009年12月任三星电子副社长，2010年11月升任社长，2012年12月出任副会长。

事实上，李在镕从过去的鲜有出镜到最近一年多频繁代表三星集团出席各类政界、经济人士的交流活动，已被外界认为是李健熙将其推向前台的安排。未来这位精通韩、英、日、中四国语言，由李健熙亲手培养的具

◆ 李健熙掌舵 25 周年

备国际化视野的三星"王储",将担负着再造三星的重任。

2001年4月,刚刚从美国哈佛大学商学院毕业的李在镕就被任命为三星电子公司的副总裁,学历是比父辈们高多了,但是经商本领实在还有待磨炼。

目前李在镕是三星集团副会长、三星电子总裁和首席运营官,除拥有三星电子公司 0.66% 的股份外,他还握有许多三星附属公司的股份,也是三星成功开拓应用处理器和 OLED 显示器市场的幕后英雄。而且,据称他本人对产品设计非常有兴趣,或许将给三星带来更现代和更新颖的前景。

在李健熙执掌三星 20 多年里,三星规模成长了约 40 倍,2012 年三星集团的总销售额达 2457 亿美元,为韩国创造了约 20% 的 GDP 产值。成为手机、电视、半导体的全球性企业。目前三星拥有超过 42 万名员工,涉足电子、机械、化工、纺织、医疗等各个领域的庞大财阀。

但日益膨胀的三星帝国正遭遇业绩天花板,其核心移动业务规模增长放缓,2013 年三星第一季度财报显示,其营业利润出现三年多来的首次下滑。与此同时,三星持续卷入与苹果、LG 在专利上的法律纠纷,在操作系统上受制于谷歌。

2009 年,李在镕被任命为三星集团执行副总裁兼首席运营官,自那时之后,李在镕开始深入管理三星。但三星重大决策仍由李健熙决定。从公开的信息来看,三星一些重大的战略并没有李在镕的身影。

或许是李健熙在三星的威望和长期的独裁风格,让李在镕只能一直对父亲"言听计从"。相比父亲李健熙的性格,李在镕性格较为温和。

◆ 韩国首富的烦恼

"他是一个尊重别人,愿意听取别人意见的人。"三星集团的一位高层负责人表示,"开会时如果有人意见和自己不同,李在镕总是会先倾听对方的意见,然后再阐述自己的见解。"李在镕在三星集团工作期间更多承担了与外界沟通的角色。在2011年乔布斯的追悼会上,李在镕透露了很多他与乔布斯个人的细节。比如在遇到困难时他最先接到了来自乔布斯的电话,而在三星和苹果紧密合作的时期,两人还一度在家中共进晚餐。虽然当时三星与苹果在专利纠纷上不断产生摩擦,但李在镕的举动获得了苹果新任CEO库克的好感。

三星电子曾公开评价,李在镕具有国际化的经营思路和广泛的人脉网络,在激烈的国际竞争环境中,出色地应对并协调了与竞争公司的关系,同时进一步强化了与合作公司的关系。

尽管如此,人们还是担心李在镕的经验和领导能力无法得到磨砺和肯定,而根据家庭血缘来任命新董事长也将可能激起人们对传统的权力继承体制产生不满。不少下一届韩国大选的总统候选人都打出改革传统家族大企业的旗号,比如杀毒软件企业家安哲秀。

英国《金融时报》报道称,投资者认为经营权继承问题让三星集团的未来充满不确定性。"李在镕作为首席执行官的经验不足,而且也不像父亲那样拥有领袖魅力。" 在这样的情形下,李在镕能否持续创造其父在三星时的辉煌业绩?让三星集团这只大象能够轻盈地跳舞,对于尚未打过胜仗的李在镕来说压力和挑战确实不小。

2 薪火相传

当年,李健熙恳求他的下属为了三星而"改变一切"。然而,这个口号并没有完全改变三星。传统的家族大企业模式将三星打造成世界上最成功的企业之一,但是保守的企业文化无法帮助三星成为一股永远的创新力量。

"天下英雄谁敌手,生子当如孙仲谋。"李健熙无可争议地给三星带来了成功,并让三星成为人见人爱的品牌。然而,三星的未来毕竟要取决于新一代掌门人。但并非是每个企业的领导人都能充当领军人物的。

含着"金钥匙"长大的李在镕一直都在李健熙的庇护下成长。三星未来的转型和组织架构调整,李在镕在三星的绝对控股地位,李健熙都早已为儿子未雨绸缪。

三星集团从2013年便开始推进子公司事业重组。2014年3月末,三星公布了三星SDI和第一毛织的合并计划。涵盖电子、汽车材料和能源事业,资产达15万亿韩元的三星集团第五大子公司由此诞生。两个公司合并后,以李在镕为核心的电子领域子公司的由上而下的体系完成。

目前,李在镕成为三星集团主要子公司SDS第三大股东,持股比例达

11.3%。此外，他还持有三星集团控股公司三星爱宝乐园 25.1% 的多数股权。2014 年 5 月 8 日，SDS 公布年内上市计划，李在镕获得约 2 万亿韩元现金用于缴纳继承李健熙股份的继承税或购买相关子公司股份。

"主力公司三星电子和三星生命目前都由李在镕掌控，而且大部分集团业务都是李在镕负责处理，因此三星集团的控股结构不会发生混乱或太大变化。"相关人士分析。

◆ 李在镕

三星集团最近正在推进的子公司重组和简化资本结构的工作将会进一步加速。三星集团计划在 2016 年之前彻底消除子公司连环控股现象，以三星生命、三星电子、三星物产为核心全面重组 74 家子公司。

目前，消费电子遭遇来自市场增速下滑，全球电视、智能手机增长放缓，三星手机业务利润更是遭遇三年来的首次滑坡。

《2030 大胆的未来》一书的作者崔允植预测认为："三星将在两到三年后遭遇增长瓶颈。"

为了突破瓶颈，三星开始在软件和新产品领域进行尝试，包括可穿戴设备 Galaxy Gear 2 等产品，以及三星推出的泰泽（Tizen）操作系统，但到目前为止被认为是重大的商业失败。与此同时，作为硬件公司的三星正面临谷歌等互联网公司的冲击。

三星的当务之急是需要寻求新的投资点。李健熙2013年在三星内部会议中表示，三星要保持警惕。应当寻找与三星集团未来息息相关的新业务，来维持集团业绩的增长。

如果没有了李健熙这根定海

◆ 李健熙一直主张走向国际化

神针，将是对李在镕的一大考验。就三星株式会社李秉喆、李健熙、李在镕三代人来说，培养一个大型IT企业的掌门人是一个薪火相传的递延过程，而将来的李在镕表现如何，我们还不得而知。

3 李在镕的接班难题

日益膨胀的"三星帝国"，自然引起了国内供应商、政界人士和竞争对手的不安，供应商们也正在竭力避免过于依赖向三星供货；政界人士担心三星的影响力；竞争对手则苦于跟不上三星的增长速度。

守业难度远远超过创业。三星过去巨大的成功，对李在镕是财富还是包袱？李在镕接班后，是继承父亲威权，还是按照年轻人的想法去改变三星的基因？尚未有过打胜仗经验的李在镕，能否脱离掉父亲的光环，继续深入布局全产业链，带领三星实现更大的飞跃？一切都还是未知数。

作为韩国的品牌符号，三星有着举足轻重的地位。没有新的增长点，李在镕就难以创造超越父亲的辉煌；没有新的增长路径，就会引发社会对李在镕接班能力的质疑；没有优秀增长业绩，复杂的集团结构会被投资者认为不透明而遭受批判；没有卓越增长动力，会动摇韩国的经济基础，进而会引发社会对李氏家族的"秋后算账"。

作为李健熙独子，"三代"李在镕已进入了接班程序。但他是否能成功接班并传承三星不断求变的生存之道，业界存疑。当前三星，既要和苹果全面争夺智能手机市场，又要化解操作系统受制于谷歌的窘境，更要努力寻找增长的新途径，并成为这一行业的佼佼者，李在镕，能做得到吗？

李健熙住院之后，三星集团进入紧急状态。目前，三星集团正在计划消除子公司之间的连环控股现象。同时，李健熙还在指定名叫"马赫经营"的三星集团改革计划。有媒体认为，三星集团的重组可能因为李健熙的健康原因而提前落实。

还有人猜测，重组提前或与三星集团继承人的高额继承税有关。有消息称，根据韩国50%的最高遗产税率，李健熙独子李在镕和他的两个妹妹可能需要缴纳约60亿美元的遗产税。银行人士预计，三星未来两年在重组咨询方面的费用可能超过1亿美元。

知名财经专栏作家叶檀认为："三星重组有两个目的，第一个目的是为李健熙的儿子李在镕接班来铺平道路，第二个目的是为了清理整顿下属的公司，建立更加强大和更加独立的经营和资产体系。"

叶檀分析三星重组是一个非常困难的过程，如果在李健熙非常权威的主导下，有可能进行得很顺利，但由于李健熙的身体出现了状况，所以底下各种各样复杂的利益纠纷层出不穷，面对反对声音也非常大，在这种情况下，恐怕重组步伐不会像想象的那么顺利。即使重组成功，三星的未来之路仍罩着一块最大的阴云，即等级森严的官僚体系对创新的压抑。

在苹果供职了17年的设计师克里斯托弗·斯金格曾说，苹果在全球约有16位"疯子"设计师，他们经常会围着餐桌探讨公司的产品设计。与之对比，三星的设计部门则与其他部门类似，泯然众人矣。

"这是一种自上而下、等级森严的文化，根本无助于启发创意。"有设计师坦承道："我认为这不是三星独有的问题，而是韩国社会的普遍问题。三星正在努力改变这种状况，但仍然很看重'自上而下'的模式。或许我们需要的是硅谷那样的创新环境。"

美国LinkedIn公司产品及用户体验高级副总裁迪普·尼沙尔说过："现在让你成功的东西，并不能保证你未来仍然能够取得成功。必须每天不断学习，不断成长。"

"设计师有很多独特而有创意的理念，但却必须受到最高决策者的认可。问题在于，他们都沉迷于苹果的设计，根本不满意这些理念。"三星一位不愿透露姓名的设计师说。

他还补充道："我认为无论在哪里，最高管理者都应当尊重首席设计师的决定，但在三星，他们却凌驾于设计师之上，对最终设计决策指手画脚。这限制了我们的能力。为了不再局限于优秀的跟随者，三星需要放权给设计师。"

在21世纪的今天，韩国的贫富差距也在扩大，世人投向三星等财阀的目光日趋严厉。违法行径得不到庇护的"三星模式"，一直置身道德谴责浪潮之中的李在镕，如何带领三星获取民众的支持与理解，游刃于政商之间，有待时间的考验。

《先驱经济》的社论称，三星经营权继承等控制权结构的变化需要保持透明度，市场不容忍暗箱操作。三星集团在迈向"后李健熙时代"的过程中仍有许多要翻越的山，在这一过程中最好不要出现"道德"问题。

家族纷争的丑闻、复杂的资本结构，自然会给李在镕带来心理负担，也会给三星未来的发展蒙上阴影，尤其是运营团队的凝聚力和执行力。因为遗产争夺战，大名鼎鼎的韩国现代集团最终一分为四，可谓是前车之鉴。年轻的李在镕，是否能够长袖善舞，化解恩怨，应对自如呢？

4 更加重视中国

在众多手机制造商中，三星稳坐老大位置。三星公司2014年第一季度共出售8500万部智能手机和2390万部功能机，占据全球移动手机市场24.3%的份额，但低于上年同期的25.3%份额。

市场研究机构Canalys表示，2013年中国智能手机出货量为3.54亿部，美国则为1.39亿部。该机构预计2014年中国智能手机出货量将达到4.22亿部。中国无疑是最为重要的市场资源。加之美国和其他成熟市场增长正在放缓，中国目前仍有数亿移动手机用户在使用功能性手机，中国市场成为全球智能手机品牌的必争之地。

市场没有永远的赢家，中国市场更不会任由三星、苹果等国际品牌宰割。近年来，中国厂商高速发展，在中低端领域大展拳脚，且有向高端领域蔓延的趋势。三星在中国市场和国际新兴市场，面对以性价比著称的中国品牌显得有些力不从心。

◆ 李健熙与他的女儿

中低端市场，以中兴、华为、酷派、联想为代表的中国本土品牌竞争力逐年上升，成为三星竞争对手。华为终端 CEO 余承东坦承，华为的目标是要超越三星，挑战苹果。已经成功挤入全球智能手机第一阵营的华为，看来大有要把三星拉下马之势。

另外，在三星业务结构里，移动业务占据了三星利润的大半壁江山。随着中国 4G 网络正式商用，未来中国的市场发展还将迎来爆发式增长，三星在中国市场的用心程度将决定其未来的地位。三星如何把握与中国三大运营商的合作，亦成为其在 4G 市场上能否持续强势的关键。

中国元素，已经成为左右国际品牌全球地位的重要砝码，被中国媒体选为 14 位 "2013 年将影响中国人生活的国际人物" 之一的李在镕，能从灵魂深处读懂中国元素吗？

公司太大太臃肿，出现问题也会更多，但最重要的还是三星自身的内驱动性的创新。一味地模仿和跟随很容易被淘汰，三星虽然体量够大，但是作为三星命脉的三星电子所面对的智能手机市场红利正在逐渐消失。三星现在该居安思危,未雨绸缪,去寻找新的业绩增长点了。

2014年4月5日,博鳌亚洲论坛召开理事会会议,同意增补韩国三星副会长李在镕为理事。

5日晚上7点多,在博鳌论坛大酒店一层中餐厅,论坛会员和赞助商欢迎晚宴正在举行。晚宴上,韩国三星副会长李在镕作为新当选的论坛理事,被介绍给了在座会员与赞助商。

在参加晚宴的300多位政商界嘉宾中,45岁的李在镕显得很年轻,戴着眼镜的他看起来斯斯文文。用英语做了简短的自我介绍和致辞后,他还秀了一句中文:"今天能够见到大家很高兴,谢谢。"

李在镕在博鳌受访时表示,中国是三星集团唯一具备了研发、生产和销售三个环节的市场。三星集团将更加重视中国市场的发展,做中国人民喜爱的企业,贡献于中国社会的企业。而在韩国期间,记者听到被提及最多的名字,除新任总统朴槿惠,就是三星电子副会长李在镕。

其实,李在镕的升迁早有端倪。2012年6月7日,原三星电子副总裁崔志成就被任命为三星集团二把手——未来战略室长。香港中文大学教授范博宏分析说,崔志成是李在镕的导师与协助接班过渡的职业经理人。细读李在镕近期行程,过去7个月间,他曾3次往返中国。登录三星官网,记者又看到这样的信息:三星集团最近正在试图将三星物产打入中国市场,开始涉足中国金融圈。

目前,三星生命已与中国国际航空携手设立了保险公司,而三星火灾则是中国第一家外商独资火灾保险公司,三星证券也分别在上海和香港创建了办事处。

韩国财界相关人士表示,中国在今后具有着极大的发展潜力,除电子部门,三星还将把事业拓展至建设、金融等各个领域。我们可以断定,李在镕为了集团经营和实绩，将会积极扩张在中国方面的事业规模。

神话仍在继续

三星之所以能够取代诺基亚成为第一手机公司，而且日益威胁到苹果的地位，关键就在于他们将硬件和软件有机整合，从而创造出优质产品。

据国外媒体报道，作为韩国企业在全球市场上的一面旗帜，三星近年来取得飞速发展，年营业收入超过微软和苹果。三星之所以能取得今天的成就，原因是其产品线覆盖了消费者家中从厨房到起居室的每一个角落，形成了强大的品牌影响力。

每个跨国企业走上成功道路的原因各不相同。例如，苹果之所以能铸就今日之辉煌，是因为它将硬件和软件有机整合，创造出优质产品；微软则是致力于不断发展企业业务，最终确立了行业主导地位；谷歌之所以能在搜索市场傲视群雄，是因为它让数据来引导自己的产品开发。与此同时，三星却走向了另一条发展道路：它的产品线无所不包。

报道称，三星的产品几乎覆盖了消费者家中从厨房到起居室的每一个角落。在2012年消费电子产品展上，三星因为展示了门

◆ 李在镕

类繁多的产品而捧回了30项创新大奖。在2012年的iF设计大奖上，该公司又收获了44项大奖。在《财富》杂志最受尊敬企业榜单中，三星的排名高于英特尔、通用磨坊食品公司（General Mills）和联合利华。

三星年营业收入超过微软和苹果并不令人感到吃惊。截至2011年底，三星是全球第一大电视机制造商，市场份额达到22.5%；而在显示器市场，三星以15.1%的份额引领群雄。此外，三星还拥有全球电冰箱市场13.5%的份额，同时在全球洗衣机市场，它的份额也从2009年的7%增至2013年的9.2%。即便在惠普和戴尔主导的笔记本电脑市场，三星也在短短几年内将市场份额扩大近一倍，达到6.3%。

◆ 李健熙家族持股示意图

三星销售额增长同样并不令人意外。2012年第二季度，三星营业收入达到422亿美元，同比增长21%；当季利润为46亿美元，同比增长48%。三星几乎所有业务部门的业绩都出现了增长，例如IT和移动通信业务增长60%，数字媒体和通信业务的运营利润增长124%。

三星在移动市场的地位尤其独特，远远领先于竞争对手。根据市场研究机构Canaccord Genuity分析师迈克尔·沃克利（Michael Walkley）发布的最新数据，2014年第二季度，苹果和三星在移动领域的运营利润合计超过108%。两家公司的占比之所以能超过100%，是因为竞争对手损失惨重。

三星移动产品的火爆程度在市场销售数据上得到了进一步印证：该公司宣布在不到两个月的时间里其旗舰智能手机Galaxy SIII的销量已经突破

1000万部。尽管与苹果iPhone的销量相比，这一数字相形见绌，但却领先于其他竞争对手。

当然，三星在高速发展道路上还面临着诸多挑战。毋庸置疑，诺基亚和RIM的快速陨落让三星获益匪浅。首先，谷歌即将推出的一款"绝对惊艳的产品"恐怕会颠覆Android设备市场，进而给三星带来威胁。

此外，三星与苹果在全球多个国家爆发了专利纷争，令其未来蒙上了一层阴影。苹果指控三星抄袭了其移动产品设计，但三星否认抄袭，并对苹果产品发起了自己的专利侵权指控。即便如此，三星仍然可以通过电冰箱、洗衣机、电视机和其他一系列电子产品渗透到消费者的家里。

换言之，三星已经成功地打造出了一个世界级"品牌"，在全球多个市场赢得了消费者的信赖。至少从现在看来，三星神话远远没有终结。

6 即将来临的后李健熙时代

2014年5月10日晚，72岁的三星电子会长李健熙因急性心肌梗塞住院，接受了心肺复苏术，并于11日凌晨零点15分转入三星首尔医院接受治疗。韩国上下乃至全世界都为之震惊。不过，令人欣慰的是，经过一系列的治疗，李健熙的病情现已转入平稳恢复期，而三星方面也曾发表声明称"李健熙住院治疗期间，并未给该集团的日常运营带来困扰"，但韩国媒体依然纷纷用"后李健熙时代"来形容当前的三星。

随着李健熙的病倒，长期以来对三星的经营权是否能实现顺利交接的担忧再次甚嚣尘上。尽管外界对李在镕是否有能力独自掌舵三星依然存有疑虑，但从两年来三星一系列的子公司重组、组织架构调整来看，接班程

排名	姓名	所属企业	净资产/亿美元	年龄
1	李健熙	三星集团	108	70
2	郑梦九	现代集团	66	74
3	金正宇	Nexon纳克松公司	43	44
4	李在镕（李健熙之子）	三星集团	38	43
5	郑义宣（郑梦九之子）	起亚汽车	31	41
6	申昌济	教保生命保险	22	58
7	郑梦准（郑梦九之兄）	现代重工	21.7	60
8	崔泰源	SK集团	19	51
9	辛东斌	乐天集团	18.7	57
10	辛东珠（辛东斌之兄）	乐天集团	17.5	58
11	李明熙（李健熙之姝）	新世界百货	16.8	68
12	徐庆培	爱茉莉太平洋集团	16.5	49
13	金泽辰	纳西软公司	15.5	45
14	具本茂	LG集团	15.3	67
15	李富真（李健熙之女）	新罗酒店	12.3	41
16	李华庆	好丽友	11.7	56
17	具本绫（具本茂之弟）	喜星集团	11.6	63
18	郑溶镇（李明熙之子）	新世界百货	11.4	43
19	朴炫柱	Mrae金融集团	11	53
20	李仲根	富荣高尔夫球场	10.4	71

◆ 富可敌国的李氏家族

序正在有条不紊地展开，应当说，李在镕的顺利接班不会存在大的问题，也不足以对三星的经营体系产生颠覆性的影响。

事实上，比起接班人选问题，业界更为关注的是，在"后李健熙时代"三星帝国是否能够继续快速前行，再创辉煌。毕竟经营好一个庞大的商业帝国，绝非一件易事。而在经历了多年的高速增长后，目前的三星也似乎走到了十字路口，正处于何去何从的关键时期。

现阶段三星所面临的最为迫切的挑战是，智能手机市场的增速放缓，使得过去数年来过度依赖智能手机的三星，正面临业绩增长的瓶颈。

目前，三星电子的贡献占到三星集团营业利润总额的约七成，而三星电子的营业利润中,又有约七成来自于智能手机业务。尽管三星电子作为全球最大的智能手机制造商,目前已占据了全球智能手机市场约 1/3 的份额,但随着全球智能手机市场竞争的日趋激烈,尤其是几家中国公司也先后推出具有类似功能、且价格更为低廉的手机产品,三星在智能手机市场中的主导地位正面临挑战。2014 年第一季度三星电子的财报显示,三星的手机销量下降了 4%,营业利润也出现三年多来的首次下滑。

◆ 李在镕

从中长期看,让一家以硬件为主的公司,持续生产最先进的产品也似乎是一个难以逾越的商业难题。柯达、索尼、诺基亚等一系列巨头的没落,证明这个世界上并不存在"日不落帝国"。而尽管三星的业务结构更为均衡,产品线更为多元化,但换另一角度看,过长的战线,也使得转型更为不易。而且,截至目前,三星尚未能从与苹果的专利诉讼纠纷中脱身,此外还面临着操作系统受制于谷歌的困境,这些都很可能将使得三星未来的发展受到极大制约。

三星的当务之急在于寻求新的投资和增长动力。在数年前李健熙就曾预言，目前三星赖以生存的大部分产品在未来10年内都将陆续消失。2010年5月三星宣布，未来10年将积极进军新领域，将在太阳能电池、混合动力电动汽车用充电电池、LED技术、生物制药和医疗设备五大领域投资220亿美元，预期到2020年上述领域能创造480亿美元的营业收入。

尽管未来的蓝图早已初步勾勒，过去四年间三星也一直在努力寻找上述五大领域的突破口，但毕竟庞大帝国的转身，并非一日之功。转型是否能够成功，还都有待于时间的验证和不断的试探、调整、再推进。而就在前不久，李健熙还在三星内部会议中再次告诫管理层，三星要保持警惕，应当寻找与三星集团未来息息相关的新业务，来维持集团业绩的增长。如同乔布斯时代下的苹果，三星在李健熙执掌下同样达到了鼎盛时期。当乔布斯的光环散去，业界对接班人库克是否能带领苹果持续辉煌也持怀疑态度，同样，在即将来临的"后李健熙时代"，李在镕能否继续"三星神话"，让我们拭目以待。